CB068770

intersaberes

Gestão de carreira

Joseanne de Lima Sales Camelo

inter saberes

Rua Clara Vendramin, 58 . Mossunguê
CEP 81200-170 . Curitiba . PR . Brasil
Fone: (41) 2106-4170
www.intersaberes.com
editora@intersaberes.com

Conselho editorial	Dr. Ivo José Both (presidente)
	Dr. Alexandre Coutinho Pagliarini
	Drª. Elena Godoy
	Dr. Neri dos Santos
	Dr. Ulf Gregor Baranow
Editora-chefe	Lindsay Azambuja
Gerente editorial	Ariadne Nunes Wenger
Assistente editorial	Daniela Viroli Pereira Pinto
Edição de texto	Larissa Carolina de Andrade
	Mille Foglie Soluções Editoriais
Capa	Sílvio Gabriel Spannenberg (*design*)
	Dean Drobot/Shutterstock (imagem)
Projeto gráfico	Fernando Zanoni Szytko
Diagramação	Querido Design
Equipe de *design*	Sílvio Gabriel Spannenberg
Iconografia	Regina Claudia Cruz Prestes

Dados Internacionais de Catalogação na Publicação (CIP)
(Câmara Brasileira do Livro, SP, Brasil)

Camelo, Joseanne de Lima Sales
  Gestão de carreira/Joseanne de Lima Sales Camelo. Curitiba: InterSaberes, 2021.

  Bibliografia.
  ISBN 978-85-227-0328-9

  1. Aprendizagem organizacional 2. Carreira profissional – Administração 3. Carreira profissional – Desenvolvimento 4. Carreira profissional – Planejamento 5. Sucesso profissional I. Título.

21-75752   CDD-650.14

Índices para catálogo sistemático:
1. Gestão de carreira: Administração 650.14

Cibele Maria Dias – Bibliotecária – CRB-8/9427

Foi feito o depósito legal.
1ª edição, 2021.

Informamos que é de inteira responsabilidade da autora a emissão de conceitos.
Nenhuma parte desta publicação poderá ser reproduzida por qualquer meio ou forma sem a prévia autorização da Editora InterSaberes.
A violação dos direitos autorais é crime estabelecido na Lei n. 9.610/1998 e punido pelo art. 184 do Código Penal.

Sumário

7 *Apresentação*
9 *Como aproveitar ao máximo este livro*

---**1**---

12 **Gestão de carreira**
13   1.1 Conceito
22   1.2 Objetivos
31   1.3 Princípios

---**2**---

42 **Aspectos conceituais da gestão de carreira**
43   2.1 Tipos de gestão
51   2.2 A complexa rede da gestão de carreira
60   2.3 Papel da organização
64   2.4 Papel do pessoal

---**3**---

70 **Carreira ao longo do tempo**
71   3.1 Construção histórica das profissões
75   3.2 Mudanças emergentes na estrutura organizacional e nas atitudes do empregador
78   3.3 Estágios da carreira
90   3.4 Ciclo organizacional

---**4**---

98 **Tipos de carreira**
99   4.1 Noções gerais sobre as teorias do desenvolvimento de carreira
114   4.2 Carreira tradicional
116   4.3 Carreira linear
119   4.4 Carreira proteana

5
126 Planejamento
127 5.1 Noções gerais sobre planejamento
132 5.2 Planejamento organizacional
135 5.3 Planejamento organizacional de carreira
140 5.4 Ações para estimular a carreira organizacional
148 5.5 Planejamento pessoal de carreira
151 5.6 Modelos de planejamento de carreira

6
156 Empregabilidade
157 6.1 Evolução histórica da empregabilidade
159 6.2 Empregabilidade: aspectos conceituais
167 6.3 Empregabilidade organizacional
175 6.4 Aposentadoria

185 *Considerações finais*
187 *Referências*
189 *Bibliografia comentada*
191 *Sobre a autora*

Apresentação

Neste livro, demonstraremos que o resultado de uma gestão de carreira bem-sucedida inclui realização pessoal, equilíbrio entre o trabalho e a vida particular, cumprimento de metas e segurança financeira. O termo *carreira* refere-se a todos os tipos de emprego – semiqualificados, qualificados e semiprofissionais. O uso desse vocábulo se restringiu por muito tempo a um compromisso empregatício com apenas uma profissão ou empresa durante toda a vida profissional de uma pessoa, mas, nos últimos anos, a ideia de carreira tem passado por mudanças significativas.

Assim, esclareceremos que o planejamento de carreira é um subconjunto da gestão de carreira cujos conceitos estão atrelados ao planejamento estratégico e de *marketing* a fim de se assumir a responsabilidade pelo futuro profissional. A carreira é um processo e, por isso, precisa ser avaliada continuamente; a reavaliação da aprendizagem e o desenvolvimento individual ao longo de um período é o que se denomina *planejamento de carreira*, que consiste em quatro etapas essenciais, exploradas no decorrer desta obra.

Na gestão de carreira é imprescindível o estabelecimento de metas/objetivos. Uma meta deve ser relativamente específica, e essa tarefa pode ser bastante difícil para o indivíduo que não tem conhecimento das oportunidades de carreira e/ou não está totalmente ciente de seus talentos e habilidades.

Por isso, intentamos esclarecer que todo o processo de gestão de carreira está baseado em metas/objetivos predefinidos, sejam de natureza específica, sejam de natureza geral. A avaliação de carreira pode ser uma etapa crítica na identificação de oportunidades e caminhos profissionais, podendo variar de informal até uma apreciação mais aprofundada. Independentemente do tipo de avaliação, ela é imprescindível, sendo possível encontrá-la gratuitamente na internet, mas, vale o aviso: embora esses recursos sejam bons, não oferecem uma análise detalhada; portanto, é preciso estar atento a cada necessidade em particular.

Como aproveitar ao máximo este livro

Empregamos nesta obra recursos que visam enriquecer seu aprendizado, facilitar a compreensão dos conteúdos e tornar a leitura mais dinâmica. Conheça a seguir cada uma dessas ferramentas e saiba como elas estão distribuídas no decorrer deste livro para bem aproveitá-las.

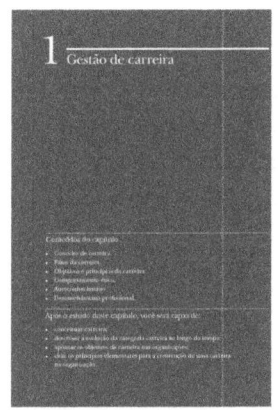

Conteúdos do capítulo
Logo na abertura do capítulo, relacionamos os conteúdos que nele serão abordados.

Após o estudo deste capítulo, você será capaz de:
Antes de iniciarmos nossa abordagem, listamos as habilidades trabalhadas no capítulo e os conhecimentos que você assimilará no decorrer do texto.

Introdução do capítulo
Logo na abertura do capítulo, informamos os temas de estudo e os objetivos de aprendizagem que serão nele abrangidos, fazendo considerações preliminares sobre as temáticas em foco.

Síntese
Ao final de cada capítulo, relacionamos as principais informações nele abordadas a fim de que você avalie as conclusões a que chegou, confirmando-as ou redefinindo-as.

Estudo de caso
Nesta seção, relatamos situações reais ou fictícias que articulam a perspectiva teórica e o contexto prático da área de conhecimento ou do campo profissional em foco com o propósito de levá-lo a analisar tais problemáticas e a buscar soluções.

Para saber mais
Sugerimos a leitura de diferentes conteúdos digitais e impressos para que você aprofunde sua aprendizagem e siga buscando conhecimento.

Exercício resolvido

Nesta seção, você acompanhará passo a passo a resolução de alguns problemas complexos que envolvem os assuntos trabalhados no capítulo.

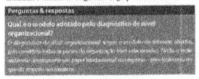

Perguntas & respostas

Nesta seção, respondemos às dúvidas frequentes relacionadas aos conteúdos do capítulo.

Bibliografia comentada

Nesta seção, comentamos algumas obras de referência para o estudo dos temas examinados ao longo do livro.

1 Gestão de carreira

Conteúdos do capítulo

- Conceito de carreira.
- Fases da carreira.
- Objetivos e princípios de carreira.
- Comportamento ético.
- Autoconhecimento.
- Desenvolvimento profissional.

Após o estudo deste capítulo, você será capaz de:

- conceituar carreira;
- descrever a evolução da categoria carreira ao longo do tempo;
- apontar os objetivos da carreira nas organizações;
- citar os princípios elementares para a construção de uma carreira na organização.

Neste capítulo, trataremos da carreira em empresas, o que compreende perpassar por conceitos e aspetos principais que delimitam o exercício do trabalho em uma organização. Para tanto, traçaremos uma linha histórica do conceito de carreira identificando quais são seus elementos e os agentes que os compuseram ao longo do tempo. Em seguida, versaremos sobre os princípios e objetivos correlacionados ao desenvolvimento de uma carreira e comentaremos quais são as implicações de escolhas pessoais nesse processo. Ao final deste capítulo, evidenciaremos que o conceito de carreira sofreu modificações e que não se confunde com a categoria profissional.

1.1 Conceito

O conceito de carreira é amplo, uma vez que a busca por sua compreensão perpassa complexas estruturas individuais, organizacionais e sociais, carecendo de amparo nos fundamentos da psicologia, da sociologia e da administração.

Uma análise do conceito de carreira exige entender o sistema social vigente, a evolução da sociedade, dos padrões culturais e econômicos, entre outros aspectos, já que tais fatores sempre provocam impactos tanto no nível organizacional quanto no pessoal.

O campo de estudo da administração diferencia dois níveis de análise nos estudos de carreira: "o nível organizacional (carreira como estruturas, rotinas) e o nível individual (carreira subjetiva e estratégias de carreira)" (Bendassolli, 2009, p. 391).

A carreira insere-se no domínio pessoal, de forma que cada sujeito pode ter diversas carreiras ao longo de sua vida, concomitantes ou não, igualmente, é possível uma carreira deixar de existir (Tolfo, 2002). No plano individual, uma carreira organizacional é um tipo de mudança de *status*. Corresponde à passagem de uma posição para outra dentro da estrutura social de uma empresa. Assim, está ligada à mudança de cargo para uma posição superior.

Schein (1995) defende que essa é uma questão muito importante para o futuro, visto que as rápidas mudanças no trabalho e nas organizações demandam atividades mais flexíveis geradas por redes de relações mais complexas. Logo, "a globalização e as novas tecnologias reduzem os limites das organizações, dos empregos e dos papéis exercidos pelos profissionais, gerando aumento nos níveis de ansiedade" (Tolfo, 2002, p. 42). As mudanças em nível macro levam as organizações a se reestruturarem mediante um processo de readaptação, cujo efeito advém do aumento da competitividade e da formação de outros tipos de relacionamentos no trabalho (Tolfo, 2002).

> Dentro desse quadro, as organizações estão horizontalizando as suas estruturas hierárquicas e concedendo poder aos empregados, ao mesmo tempo em que se tornaram mais diferenciadas e complexas. As subunidades organizacionais estão mais interdependentes e valoriza-se mais os canais de comunicação laterais. Os valores socioculturais de preocupação com a família, o próprio indivíduo e o trabalho, estão mudando. Muitas pessoas valorizam mais a qualidade de vida do que os padrões de sucesso no trabalho e na carreira. (Tolfo, 2002, p. 43)

Dutra (1996) aborda que o esforço para atrelar necessidades de carreira individual com demandas da força de trabalho organizacional corresponde a um processo que visa ajudar os indivíduos a planejarem suas carreiras de acordo com as urgências e os desejos dos negócios e suas estratégias.

> **Para saber mais**
>
> O planejamento é fundamental para uma carreira sólida. Assim, é preciso que o profissional esteja sempre atento às modificações do mercado. O vídeo indicado a seguir aborda como fazer um planejamento de carreira.
>
> CUBAS, A. **Como fazer um planejamento de carreira.** 15 abr. 2019. Disponível em: <https://bit.ly/3c3iagQ>. Acesso em: 12 set. 2021.

Assim, embora seja verdade que a carreira tem sua origem no indivíduo, não se pode deixar de reiterar que existe uma relação intrínseca com as demandas do ambiente (competências exigidas para o desempenho da função) e as estratégias previamente estabelecidas e adotadas pelas organizações (Tolfo, 2002).

Tolfo (2002), apoiada no trabalho de Schein (1996), apresenta as fases que compreendem uma trajetória profissional, conforme mostra a Figura 1.1:

Figura 1.1 – Principais fases da carreira profissional

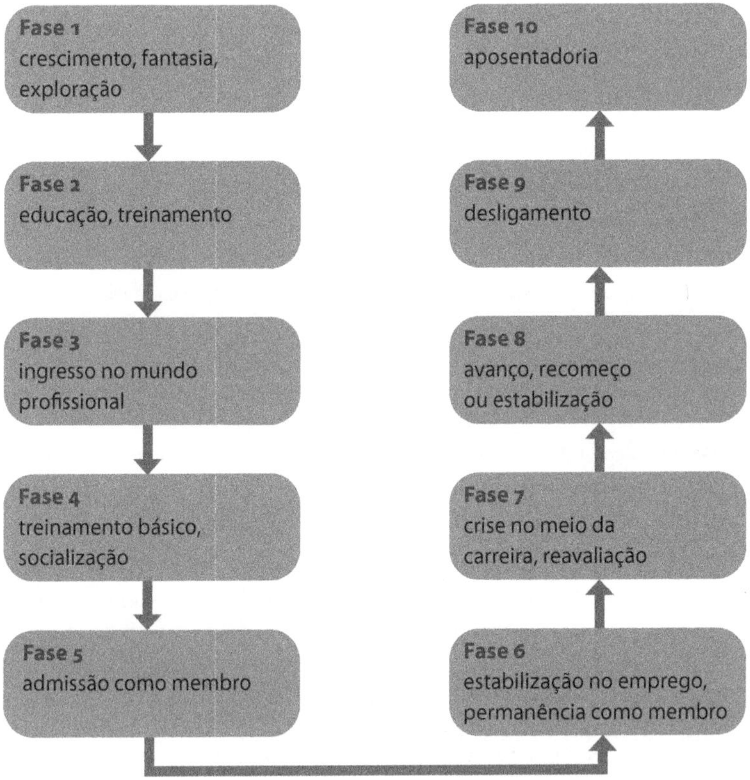

Fase 1 crescimento, fantasia, exploração

Fase 2 educação, treinamento

Fase 3 ingresso no mundo profissional

Fase 4 treinamento básico, socialização

Fase 5 admissão como membro

Fase 6 estabilização no emprego, permanência como membro

Fase 7 crise no meio da carreira, reavaliação

Fase 8 avanço, recomeço ou estabilização

Fase 9 desligamento

Fase 10 aposentadoria

Fonte: Tolfo, 2002, p. 45.

Schein (1996, p. 22-25, grifo do original) assim explica tais fases:

Fase 1: Crescimento, fantasia e exploração. Neste período, geralmente associado à infância e à pré-adolescência, uma profissão é apenas um pensamento, e uma carreira pouco significa afora um estereótipo profissional e um objetivo geral de "sucesso". A pessoa nesta fase prepara-se para iniciar o processo educacional ou de treinamento necessário para qualquer que seja a profissão provisoriamente escolhida.

Fase 2: Educação, treinamento. Dependendo da profissão, este processo pode ser complexo ou simples, levando apenas alguns meses, vinte anos ou até mais [...] (como no da medicina, por exemplo), as fases da carreira externa exigem cedo uma tomada de decisão, a fim de assegurar que todos os pré-requisitos necessários para o exercício da profissão sejam atendidos durante o período educacional.

Fase 3: Ingresso no mundo profissional. Para a maioria das pessoas, independentemente de seus níveis de preparo, esta é uma época principalmente de adaptação, na qual elas tomam conhecimento da realidade do trabalho e de suas próprias reações. [...] O principal aprendizado pessoal começa neste ponto e o conceito profissional que cada um tem a seu próprio respeito começa a evoluir quando suas aptidões, objetivos e valores são testados em meio às atribulações da vida prática.

Fase 4: Treinamento básico e socialização. A duração e intensidade deste período variam de acordo com a profissão, a organização, a complexidade do trabalho, os pressupostos da organização sobre a importância de ensinar aos novos membros a sua filosofia e o grau de responsabilidade que a sociedade atribui à profissão. Quanto maior esta responsabilidade, mais longo e intenso o período de socialização. Esta fase é a principal fonte de aprendizado pessoal porque a organização agora começa a fazer exigências que o indivíduo deve satisfazer. [...]

Fase 5: Admissão como membro. Em um determinado ponto, um indivíduo reconhece, por rituais formais ou pela espécie de atribuições recebidas, que ultrapassou a fase de treinamento e está sendo aceito como membro efetivo. É nesta fase que surge uma autoimagem mais significativa da pessoa como profissional ou membro da organização. Objetivos e valores começam a se definir por meio das reações a diferentes situações desafiadoras em que as escolhas devem ser feitas. O indivíduo começa a ter mais consciência de suas aptidões, pontos fortes e fracos.

Fase 6: Estabilização no emprego e permanência como membro. Nos primeiros cinco a dez anos de uma carreira, a maioria das organizações e ocupações indica se o indivíduo pode ou não contar com um futuro a longo prazo ali. A estabilidade é formal ou simbolicamente assegurada com a ressalva de que ela só existirá enquanto o emprego existir. [...]

Fase 7: Crise no meio da carreira e reavaliação. Embora não se saiba com certeza se trata-se de uma crise ou mesmo de uma fase, há evidências crescentes de que as pessoas, em sua grande maioria, passam por uma espécie de autorreavaliação quando suas carreiras já estão bem adiantadas e questionam-se sobre suas opções iniciais [...], sobre suas conquistas [...] e a respeito de seu futuro [...]. Esta reavaliação pode ser traumática, mas muitos indivíduos a consideram normal e relativamente simples, frequentemente resultando em uma rede coberta ou reafirmação de objetivos que já estavam presentes, mas em destaque. [...]

Fase 8: Avanço, recomeço ou estabilização. O conhecimento resultante desta reavaliação leva a decisões sobre a continuação ou não da carreira. Cada pessoa, nesta fase, chega a uma solução pessoal que irá orientá-la sobre os próximos passos. Para alguns, isto significa a determinação de subir os degraus da carreira profissional o mais rápido possível. Para outros, é a redefinição das áreas profissionais que desejam buscar e, para outros ainda, implica uma avaliação de como conciliar exigências profissionais com interesses familiares e pessoais. [...]

Fase 9: Desligamento. Inevitavelmente, uma pessoa desacelera o ritmo de suas atividades, torna-se menos envolvida, começa a pensar na aposentadoria e prepara-se para esta fase. Todavia, alguns lidam com uma possível aposentadoria por meio de uma veemente negação, continuando com as atividades normalmente e evitando a todo custo tentativas de outras pessoas para ajudá-los com os preparativos para a nova fase.

Fase 10: Aposentadoria. Não importando se o indivíduo esteja ou não preparado para a aposentadoria, inevitavelmente, a organização ou profissão não terão um cargo significativo a oferecer e o indivíduo terá de se adaptar. [...]

Cabe salientar que o processo descrito é somente um referencial e não uma regra, ou seja, o ponto de saída e de chegada de todos os profissionais não ocorre da mesma forma. Dutra (1996) esclarece que é necessário que o sujeito, diante de seu planejamento de carreira, seja capaz de autoavaliar seus comportamentos profissionais, de modo que essa análise evidencie sua realidade tanto profissional quanto pessoal; para tanto, é preciso definir metas e métodos de avaliação no decorrer da carreira. O planejamento e a gestão de carreira refletem "o atual contexto e as concepções teóricas que lhes dão suporte" (Tolfo, 2002, p. 48).

A carreira organizacional proporciona às pessoas estabilidade em seus projetos profissionais, estilos e ciclos de vida, o que as motiva para o trabalho. Essa estabilidade está na estrutura de organizações sólidas cuja iniciativa reflete nos setores da sociedade, estando claramente ligada à continuidade do emprego, estilo e plano de vida nos setores governamentais do serviço público e militar. No entanto, se, de um lado, encontra-se essa sensação de segurança, de outro está imposta a muitas pessoas uma mobilidade recorrente, o que também impacta e altera as relações em sociedade, como transporte, manutenção de registros, propriedade, responsabilidade financeira, participação da comunidade etc.

Outro aspecto a ser apontado é o padrão de experiência do trabalho durante o curso da vida de uma pessoa, correspondente a uma sequência de cargos, funções, atividades e outras tarefas relativas ao emprego; assim, caracteriza-se como um processo de desenvolvimento em uma ou mais organizações. Nessa perspectiva, a depender da sequência de fases de desenvolvimento desse profissional, ocorrem mudanças distintas no senso de identidade do indivíduo, que é moldada e influenciada pela organização na qual ele trabalha.

Apesar de, como declaramos, a carreira pertencer ao indivíduo, na maioria dos ambientes de trabalho, ela é planejada e gerenciada pela organização. A estrutura organizacional identifica um roteiro interno, esclarecendo os cargos e suas inter-relações, bem como as competências necessárias para ocupá-los. Além disso, a gestão de carreira organizacional utiliza mecanismos a fim de inserir os profissionais nesse contexto. É assim que as organizações assumem um papel de liderança e têm controle sobre o planejamento e a gestão de carreira.

Muitos são os fatores que condicionam e implicam na escolha e no exercício da carreira, entre os quais destacamos:

- trata-se de um processo contínuo de combinação e gestão de atividades remuneradas e não remuneradas, como aprendizagem (educação), trabalho (emprego, empreendedorismo), voluntariado e lazer;
- envolve interesses, crenças, valores, habilidades e competências, também concordantes com as necessidades do mercado;
- abrange o propósito e a intenção de se fazer escolhas direcionadas;
- refere-se a um elemento autodirigido, posto que o indivíduo é responsável por sua própria carreira. Todavia, ele não está sozinho, pois é influenciado pelo ambiente no qual se encontra;
- sofre impacto diretamente de agentes externos;
- compete ao máximo aproveitamento do talento e do potencial, independentemente de como se define o crescimento e o sucesso de cada um, que nem sempre implica em um avanço linear;
- concerne a um processo complexo, sendo fundamental considerar o contexto, uma vez que pode haver restrições internas (financeiras, culturais, de saúde) ou externas (mercado de trabalho, tecnologia);
- ocupa-se de um dinamismo que exige adaptação e resiliência contínuas por meio da assunção de múltiplas transições possíveis.

De forma conceitual e didática, podemos dividir as carreiras de acordos com suas tipologias. Antes, porém, é preciso entender o didatismo dessa categorização, pois, na prática, durante a ação profissional, o indivíduo pode pertencer a um tipo de carreira que, em regra, estaria "incorreta".

Como já mencionamos, uma carreira corresponde a uma sequência de experiências de trabalho realizadas por um indivíduo. Essas experiências têm aspectos subjetivos e objetivos: os subjetivos são as visões e opiniões do indivíduo sobre sua carreira; já os objetivos condizem a um registro dos trabalhos realizados. O dito *sucesso na carreira* segue a mesma lógica, isto é, uma carreira objetivamente bem-sucedida pode não resultar em um senso subjetivo de cumprimento de metas, e o sucesso subjetivo, por outro lado, não é mensurável por meio do salário, do cargo ou da posição hierárquica, mas sim pela satisfação pessoal.

Os modelos tradicionais de carreira baseiam-se em um relacionamento de longo prazo entre o indivíduo e uma ou duas empresas ao longo de sua vida profissional. Pessoas físicas e jurídicas firmam um contrato no qual o profissional tem tarefas a exercer em determinada função de acordo com as exigências do empregador, em troca de remuneração e outros benefícios. Nesse modelo, o sucesso é definido organizacionalmente e as recompensas tendem a ser tangíveis. O funcionário permanece na empresa até sua aposentadoria. Para ter uma carreira de sucesso, o sujeito é obrigado a cumprir as exigências dos empregadores. Portanto, as carreiras tradicionais são predominantemente objetivas. Tais **carreiras tradicionais** prometem muito em termos de recompensas extrínsecas. Frequentemente, são consideradas menos arriscadas, uma vez que fornecem parâmetros prontos para a conexão social e o reconhecimento. Todavia, sua desvantagem potencial é que exigem disposição em comprometer os interesses e as preferências individuais em favor de regras e padrões coletivos.

Já o **modelo multifacetado** busca o desenvolvimento de uma carreira impulsionada pelo indivíduo e não pela organização. Esse conceito emergiu na década de 1970 com Douglas T. Hall, que observou um novo tipo de carreira menos dependente da organização em termos de definição de sucesso ou obtenção de certos resultados. A característica mais central da **carreira multiforme** é que ela é um reflexo e uma manifestação individual. Assim, esse modelo eleva a autorrealização e o sucesso psicológico acima de preocupações e normas sociais e organizacionais. O **sucesso psicológico** é delineado segundo os termos da pessoa, em contraste com o sucesso objetivo, que pode ser medido ou definido externamente (por exemplo, salário ou promoções).

Embora uma carreira multifacetada possa ser aparentemente identificada como um padrão de carreira definível, ela pauta-se na perspectiva subjetiva do indivíduo. Também conhecida pela denominação *sem fronteiras*, esse tipo de carreira envolve maiores níveis de autodeterminação por parte do indivíduo, o que lhe faculta a possibilidade de vender sua força de trabalho para empregadores diferentes, não seguir uma rota linear na hierarquia corporativa e envolver definições objetivas e subjetivas de sucesso. Assim, embora algumas recompensas possam ser tangíveis, também são consideradas recompensas intangíveis ou intrínsecas, como satisfação no trabalho ou equilíbrio trabalho/vida pessoal.

Por algumas razões, a carreira sem fronteiras está se tornando mais popular do que a tradicional, e a principal delas consiste no fato de que as empresas estão buscando funcionários mais flexíveis e menos propensos a angariar carreira dentro da instituição. As empresas sentem uma pressão crescente para inovar, isso significa que elas precisam otimizar sua base de conhecimento e responder com flexibilidade às condições de mercado. Em termos práticos, a força de trabalho é incentivada a realizar uma série de tarefas fora de um cargo estático e que devem ser feitas por equipes temporárias reunidas para resolver problemas específicos. Esse dinamismo não corresponde a somente um tipo de trabalho para toda a vida; logo, os contratos têm sido firmados por tempo limitado. A empresa, desse modo, está mais propensa a empregar uma gestão de recursos humano (GRH) estratégica, cuja força de trabalho é desenvolvida de acordo com seus objetivos corporativos. Se essas metas são dinâmicas, isso significa que a força de trabalho também deve ser. Além disso, é improvável que uma empresa com essas características precise contar com as mesmas habilidades de um mesmo funcionário durante toda a sua carreira. Por conseguinte, treinar um funcionário por vários anos pode não ser um bom uso dos recursos da empresa.

Outro ponto é que os funcionários mais jovens, da chamada *geração Y*, estão mais propensos a se envolver ativamente no planejamento de suas carreiras, têm prioridades diferentes de seus antecessores e são menos dispostos a aceitar as formas tradicionais de autoridade. Esses indivíduos tendem a enriquecer seu desenvolvimento profissional trabalhando para várias empresas diferentes a fim de obter uma ampla gama de experiências, combinando períodos de trabalho com períodos de aprendizagem ao longo da vida.

O movimento em direção à responsabilidade individual inerente a uma carreira sem fronteiras pode ser libertador para o indivíduo, pois ele desenvolve suas habilidades da maneira que lhe parecer mais adequada, uma vez que deixa de atender às especificidades exigidas diariamente por uma organização, o que lhe abre vastas possibilidades. No entanto, esse cenário tende a se aplicar apenas a indivíduos com recursos para construir o próprio conjunto de habilidades. Além disso, a pessoa fica propensa a cometer erros ao julgar que tem condições de assumir postos de trabalhos mais dinâmicos, mas, na prática, não apresentar qualidades para suprir as necessidades específicas de suas atividades laborais.

Exercício resolvido

Ao longo do tempo, ao conceito de carreira vêm sendo atribuídos significados distintos. Esse processo advém dos novos contornos da acepção de trabalho. Assim, o conceito de carreira profissional pode ser interpretado considerando-se vários aspectos. Com relação ao conceito mais moderno, é correto afirmar:

a) Correlaciona-se a determinada categoria profissional.
b) Visa à obtenção de vantagens financeiras.
c) Refere-se a uma meta organizacional, apenas.
d) Corresponde a uma sequência de posições que o indivíduo ocupa em uma organização e nas quais pode demonstrar suas habilidades profissionais.

Gabarito: d.

Atualmente, o profissional pode assumir no interior de uma organização diversas posições a depender de suas habilidades e das necessidades de gestão. A essência da carreira profissional é, portanto, dinâmica, visto que ela não se limita a determinada categoria profissional e não pode ser medida por variáveis como salário, cargo etc. Assim, configura-se em meta tanto pessoal quanto organizacional.

1.2 Objetivos

A globalização ocasiona mudanças rápidas nas tecnologias de informação e comunicação, além de fomentar a competição em quase todos os níveis da vida. Uma vez que as motivações estão sempre se alterando, torna-se evidente para as empresas que essas iniciativas podem ser moldadas a fim de se adequarem às necessidades de distribuição proporcional de pessoas em vários tipos de carreiras; sua ferramenta, para isso, é desenvolver sistemas de incentivo ou recompensa com o fito de manter carreiras específicas em níveis constantes de intensidade. Por meio dessa manobra, a divisão do trabalho tem se mantido firmemente, mesmo sofrendo constantes modificações. As organizações também podem recrutar cuidadosamente pessoas de um setor da sociedade ou instituições educacionais específicas com o intuito de preencher as vagas de certas carreiras (os filhos dos oficiais, por exemplo), ou podem desenvolver programas de doutrinação para incutir o tipo necessário de motivação na pessoa que está iniciando uma carreira.

As necessidades de crescimento na carreira nunca param. As alterações de direção nesse caminho podem ser explicadas pelas mudanças nas condições da vida organizacional, que, para o indivíduo, inicia com sua entrada na empresa. A diversidade de tipos de carreiras e seus trabalhos e objetivos associados variam de acordo com a característica e o tamanho da organização. As habilidades e o treinamento desse profissional condicionam seu desempenho e suas opções de carreira. Tais fatores, ao proporcionar oportunidades, geram a motivação necessária para aproveitá-las.

Todavia, um movimento constante de pessoal prejudica a construção da identidade de uma empresa. As incertezas e o fluxo de mudanças no quadro podem desmotivar os funcionários e levar a eventuais perdas na qualidade da produção. Para Bergamini, (2006, p. 89), "Todo comportamento motivacional só existe em função de um estado interior de carência, portanto quanto maior for este estado, maior será a motivação vigente, fazendo assim com que a necessidade seja sinônimo de motivação. Quanto maior a necessidade, maior a motivação".

Não obstante o ambiente de negócios tenha experimentado continuamente mudanças negativas, como redução e reestruturação econômica, resultando em menos cargos hierárquicos, a necessidade de melhorar a produtividade e acompanhar o ritmo tecnológico aumentaram. Assim, tornaram-se prementes o estímulo e o aprimoramento de recursos humanos organizacionais.

Um dos principais objetivos da carreira é **contribuir para a construção da identidade da empresa**, cuja iniciativa auxilia na edificação de um clima organizacional mais estável, ao passo que estimula os funcionários a serem mais eficientes, visto que há, no horizonte, a possibilidade de promoções. Já a concretização de objetivos pessoais envolve as várias funções e os papéis desempenhados ao longo da vida, os quais incluem educação, treinamento, trabalho remunerado e não remunerado, família, atividades voluntárias, de lazer etc.

> **O que é?**
> Algumas modalidades de trabalho são caracterizadas pela assinatura de um documento contratual que implica remuneração. Já o voluntário corresponde a um trabalho em que não há remuneração direta ou indireta.

Outro objetivo da carreira é **possibilitar um processo contínuo de aprendizagem e desenvolvimento a fim de promover a aquisição de valores que fomentem o desenvolvimento pessoal e profissional** dos sujeitos no meio em que está inserido. Esse, diga-se, é o objetivo que diferencia o trabalho da carreira. Um trabalho, em regra, é algo que, simplesmente, gera uma remuneração. Já uma carreira está centrada em uma série de oportunidades de emprego conectadas. Um trabalho tende a ser de curta duração e tem pouca influência no futuro profissional do indivíduo. A carreira, por sua vez, lhe proporciona experiência e aprendizagem para uma vida inteira. Assim, cabe à carreira fazer interagir os indivíduos e a sociedade, tanto no âmbito educacional quanto organizacional. Ela não tem um fim em si mesma, visto que seu propósito é auxiliar o indivíduo no desenvolvimento de suas atividades profissionais de forma a colaborar eficiente e eficazmente com a organização. O desenvolvimento da carreira de um indivíduo é um processo vitalício que engloba crescimento e mudança no exercício profissional formal, auxiliando processos de maturação ao longo da vida adulta ativa de uma pessoa até sua aposentadoria.

Logo, a construção de um plano de cargos e carreiras de uma organização deve focalizar na retenção de talentos. Uma empresa sem planejamento de carreira e iniciativas de desenvolvimento de carreira provavelmente encontrará maior taxa de atrito, causando danos a seus planos e programas. O desenvolvimento de carreira é um dos principais motivos que levam as pessoas a abandonarem ou a permanecerem nas organizações. Os profissionais tendem a se sentir mais seguros e confiantes em organizações que estimulam o desenvolvimento de carreiras de seus funcionários.

A gestão de talentos, nesse sentido, é uma estratégia de negócios que as organizações esperam que lhes permita reter seus funcionários mais talentosos e qualificados. Em conjunto com o envolvimento e o reconhecimento do valor da força de trabalho do funcionário, essa estratégia de negócios pode garantir a atração dos melhores talentos na competição com outros empregadores. A retenção de um funcionário motivado é muito importante para o sucesso da organização. A alta rotatividade de funcionários aumenta as despesas e tem um impacto negativo na moral da organização. A implementação de um programa de retenção de funcionários é uma maneira eficaz de garantir a permanência de profissionais essenciais, de modo a equilibrar e manter o desempenho e a produtividade no trabalho.

Funcionários multitalentosos têm uma vantagem sobre aqueles que se restringem a uma tarefa específica e deixam de contribuir em outros departamentos e áreas. As organizações tendem a reter os que mostram interesse ativo em participar da vida organizacional. No cenário atual, espera-se que os indivíduos contribuam em outros departamentos, bem como na produtividade geral da organização, enquanto buscam executar suas atividades com eficácia e verificar se suas sugestões constituem elementos fundamentais para a organização e se apontam para uma carreira promissora.

O desenvolvimento da carreira também objetiva a **satisfação pessoal**. Organizações que estimulam essa área retêm profissionais mais capazes para enfrentar as necessidades do mercado. O desenvolvimento pessoal desempenha um papel crucial na carreira. Um indivíduo que pode contribuir não apenas em sua área de especialização, mas também em outros domínios, certamente obterá promoções rápidas, incentivos e recompensas lucrativos. Em outras palavras, o desenvolvimento pessoal é fundamental não apenas para o crescimento na carreira, mas também para a sobrevivência na organização.

Nesse sentido, Chiavenato (2006, p. 182) esclarece que "A aptidão para o desenvolvimento pode e deve ser incrementada para o proveito de ambas as partes: pessoas e entidades". Assim, segundo o autor, o treinamento integra o desenvolvimento pessoal e, por conseguinte, o desenvolvimento organizacional.

As organizações, portanto, em vez de contratar um novo funcionário, preferem promover seu colaborador para outra posição, pois ele já conhece a cultura organizacional e não precisa de todo o treinamento que o iniciante demandaria. Contudo, isso requer um planejamento cuidadoso da sucessão de funcionários, desenvolvendo-os e preparando-os continuamente para preencher outros cargos no futuro.

O processo de desenvolvimento de carreira organizacional é relevante tanto para os funcionários quanto para os empregadores, mas não se pode ignorar a possiblidade de ocorrer mudanças não intencionais e consequências que podem mudar todo o cenário. Por isso, os funcionários precisam continuamente atualizar suas habilidades e competências a fim de atender às demandas organizacionais e lidar com a pressão de forma eficiente, bem como cessar o risco de ingressar em um cenário indesejado. Logo, compreender a importância do objetivo da carreira é fundamental para ambos. Além disso, esse propósito contribui economicamente, pois, cumpre lembrar, o fator que mais afeta as carreiras de milhões de pessoas é a redução econômica. Isto é, os empregados menos aptos são cortados do quadro de funcionários das organizações, os que se mostram mais aptos, por sua vez, sobrevivem. Assim, se os funcionários aprenderem continuamente novas e melhores habilidades, é provável que as condições econômicas não os prejudiquem tanto quanto aqueles colaboradores menos atentos.

Outra contribuição é **a ressignificação da prática profissional através da reclassificação de trabalhos**. Essa é uma iniciativa de mudança organizacional em que uma empresa decide reorganizar seu quadro funcional de forma mais complexa. No entanto, linhas hierárquicas antigas são resguardadas a fim de manter o controle gerencial, mas alguns trabalhos podem ser alterados ou removidos durante o processo. Novamente, os profissionais menos habilitados para ocupar um cargo de natureza diferente podem deixar a empresa.

Ademais, é preciso atentar para a **requalificação profissional**. Mudanças e atualizações contínuas na tecnologia também são um dos principais fatores que movimentam as organizações. Alguns indivíduos conseguem acompanhar a evolução tecnológica e estão sempre prontos para aprender e adotar novos aplicativos de tecnologias da informação (TI), outros, porém, mostram certa resistência nessa adoção, o que pode não ser aceitável a depender da gestão. Por isso, cabe aos funcionários se manter atualizados e mostrar disposição para aceitar possíveis mudanças em seu método de trabalho.

Cumpre lembrar que, a fim de criar um *pool* de funcionários talentosos e profissionalmente satisfeitos, o desenvolvimento de carreira se tornou a principal atividade das organizações, hoje considerada um processo organizado e planejado que visa melhorar a eficiência da empresa. Em regra, é sabido que um dos objetivos da carreira é encontrar um equilíbrio entre os requisitos da força de trabalho organizacional e as necessidades individuais. Inicialmente, essa busca obstinada por uma carreira pode ser motivada por ambições de infância, valores sociais atuais, religião, regiões geográficas ligadas a valores rurais e urbanos, profissões mais reconhecidas, educação em escolas regulares ou profissionais, comércio etc., antes de ser modificado por colegas e arranjos dentro de uma corporação. Portanto, a modificação que ocorre após o ingresso na empresa é resultado de motivações passadas e mudanças presentes ocorridas na carreira organizacional.

Os funcionários têm seus desejos e aspirações pessoais e precisam utilizar de forma eficaz suas habilidades para atingir suas metas e objetivos de carreira. Por outro lado, as organizações carecem de pessoal e atendimento aos requisitos de recursos humanos presentes e futuros. Um sistema de desenvolvimento de carreira é um mecanismo que considera ambas as partes e as ajuda a cumprir seus requisitos e objetivos.

Outro objetivo igualmente importante do sistema de desenvolvimento de carreira é **promover uma melhor comunicação organizacional em todos os níveis**, por exemplo, gerente e funcionário e gerentes e alta administração. A comunicação adequada é a força vital de qualquer empresa, pois ajuda a resolver vários problemas relevantes e cria mecanismos que auxiliam nas decisões de carreira. Logo, um sistema de desenvolvimento de carreira fornece aos funcionários e gerentes assistência útil em suas decisões, visto que eles têm a oportunidade de avaliar suas habilidades e competências e conhecer seus objetivos e aspirações futuras, o que aponta para uma direção precisa e concordante com seus planos de carreira de longo prazo.

> **Para saber mais**
> Toda organização tem metas a curto, médio e longo prazos. A área de recursos humanos, nesse sentido, é central no alcance desses objetivos e no fomento de práticas de trabalho em equipe, que são fundamentais para esse fim.

> CONHEÇA os benefícios do trabalho em equipe para as organizações. **Jornal Bom Dia Sergipe**. Disponível em: <https://bit.ly/2MiC9NJ>. Acesso em: 13 set. 2021.

A carreira ainda objetiva **buscar o melhor uso das habilidades dos funcionários**, isto é, um sistema de desenvolvimento de carreira ajuda a organização a entender e a empregar as habilidades de seus colaboradores. Conhecendo tais competências, os gerentes podem reorganizar as atividades de trabalho de modo que cada profissional ocupe um lugar de máxima produção de acordo com suas aptidões.

Todavia, a concretização dos objetivos de carreira depende do **estabelecimento de metas realistas**. Traçar planos e expectativas realistas é, portanto, um dos alicerces de um sistema de desenvolvimento de carreira, pois, por meio dessa reflexão, gestores e colaboradores podem questionar a viabilidade da meta e discutir possíveis caminhos para conquistá-la.

> **Para saber mais**
>
> A motivação deve ser compreendida como um instrumento aliado à organização. Quer saber mais sobre os benefícios da motivação de pessoal em uma organização? Assista ao vídeo disponível no *link* a seguir.
>
> GESTÃO COM PESSOAS. **Motivação**. Disponível em: <https://bit.ly/399r8aO>. Acesso em: 13 set. 2021.

Aqueles que tecem os métodos e instrumentos para carreira de uma organização (os gestores) devem ter em mente que, mais do que fazer cobranças, é preciso estimular sua equipe. Para além dos chamados *bônus salariais*, outras técnicas podem ser utilizadas para que o objetivo da carreira seja alcançado. Ademais, *feedbacks* sobre cada atuação profissional também são necessários dentro de uma organização, pois avalia a taxa de sucesso de uma política específica, bem como de outras iniciativas organizacionais. Em acréscimo, esse levantamento auxilia os gestores na compreensão das necessidades individuais de seus colaboradores e de suas expectativas quanto à carreira.

Um sistema de desenvolvimento de carreira pode ser muito eficaz na criação de uma **cultura de apoio** no ambiente corporativo, de modo que tanto a empresa quanto os funcionários atinjam seus objetivos simultaneamente. Entretanto, para isso, é preciso ponderar sobre o modelo de cultura adotado. Os objetivos dos programas de desenvolvimento de carreira são mais eficazes quando integrados às estratégias contínuas de treinamento e desenvolvimento da empresa. Para tanto, esta tem de projetar cuidadosamente o sistema de carreira, sobretudo quanto ao atendimento de necessidades e requisitos exclusivos da organização e de seus profissionais. Um sistema de gerenciamento de carreira automatizado e bem-projetado não só beneficia as organizações, mas também ajuda os funcionários e gerentes ou supervisores a estabelecer uma comunicação eficaz entre os membros da equipe. Assim, todas as partes obtêm benefícios diferentes, que, se combinados, podem definir em conjunto uma cultura organizacional de apoio.

A carreira também objetiva **avaliar a capacidade, a qualidade e o desempenho dos profissionais**. Tendo maior clareza sobre os pontos fortes e fracos de seus funcionários, bem como de suas atitudes e seus comportamentos, seus valores e suas aspirações futuras, suas habilidades e suas competências, os gestores podem manipular essas habilidades e melhor gerenciá-las.

Perceba que, apesar de na prática considerarmos que o desenvolvimento de um sistema de carreiras ocorre apenas no plano administrativo, ele está presente nos mais variados setores que compõem uma organização. Assim sendo, qualquer profissão pode construir seu plano de carreira próprio. Logo, ao analisar os objetivos das carreiras de forma geral ou específica, salta aos olhos uma forte ligação com motivações pessoais de construção de uma trajetória profissional sólida, o que permite que os objetivos de carreira sejam específicos para os indivíduos. É preciso pensar se os sistemas de incentivos para o trabalho oferecem movimentos de carreira e o quanto é fundamental preparar a pessoa para um novo trabalho.

Diante do exposto, podemos resumir os objetivos de carreira nos seguintes tópicos:

- **Auxiliar os funcionários a melhorar seu desempenho**: Os programas de carreira procuram envolver os funcionários na definição de suas próprias metas e no reconhecimento de seus pontos fortes e fracos. Contribui, assim, para identificação de necessidades e oportunidades de treinamento, o que é alcançado principalmente por meio de *feedbacks* e discussão sobre os sistemas de gestão de desempenho das instituições.

- **Expor com clareza as opções de carreira disponíveis:** Os funcionários são informados sobre as opções de carreira disponíveis na instituição, que os orienta na identificação de habilidades e de outras qualidades potencialmente fundamentais para ocupar cargos futuros. Assim, a empresa busca focar os planos de carreira dos funcionários na instituição, aumentando seu compromisso com ela. São desenvolvidas trajetórias de carreira que indicam aos funcionários a mobilidade em diferentes direções na empresa.
- **Alinhar as aspirações dos funcionários com os objetivos organizacionais:** Algumas empresas tentam ajudar os funcionários em seu planejamento de carreira por meio de programas de gerenciamento de carreira. Além disso, procuram melhorar a correspondência entre as funções e as habilidades de cada funcionário. Uma avaliação das aptidões e competências pode ajudar a acomodar os colaboradores em posições que lhes sejam mais adequadas. Assim, por meio da aplicação de práticas como transferências e rotação, a eficácia operacional de uma instituição pode ser melhorada. Os programas de gestão de carreira também podem resultar na redução da necessidade de recrutamento externo, à medida que os funcionários com as capacidades necessárias são revelados.

Exercício resolvido

As organizações podem ser compreendidas como instituições que surgem com a Revolução Industrial. Todavia, ao longo do tempo, as empresas vêm se transformando e ganhando novos contornos. A carreira organizacional tem sido constituída por inúmeros benefícios e finalidades. No que diz respeito ao objetivo individual, é correto afirmar que:

e) está ligado a um conjunto complexo como treinamento, educação, remuneração e reconhecimento.
f) visa exclusivamente ao aumento do salário
g) corresponde somente à necessidade de subir na hierarquia organizacional.
h) delimita a esfera profissional

Gabarito: a.

A concretização, na carreira, dos objetivos pessoais envolve várias funções e papéis desempenhados ao longo da vida, que incluem educação, treinamento, trabalho remunerado e voluntário, família, atividades de lazer etc. O objetivo pessoal não se limita à vantagem pecuniária, pois essa é apenas uma necessidade em um rol bem mais abrangente. A mudança de cargo no quadro organizacional, por exemplo, é um dos anseios subjetivos que a carreira tem como objetivo alcançar. Todavia, a ascensão profissional é envolta por outros elementos, conforme discutido nesta seção.

1.3 Princípios

O comportamento individual e de grupo é disciplinado, em parte, por princípios morais ou valores sobre os quais se emitem julgamentos quanto às ações, se certas ou erradas, se boas ou más. Os padrões éticos mínimos em uma sociedade são legalmente codificados, mas o comportamento ético requer ir além da mera adesão à letra da lei.

A capacidade de desenvolver estratégias organizacionais depende da confiança e da aceitação geral de que os padrões ou códigos de comportamento serão seguidos. O acordo da comunidade organizacional com relação a comportamentos aceitáveis e inaceitáveis permite que determinadas situações ocorram com algum senso de ordem e previsibilidade.

> **Para saber mais**
>
> A ética é um campo do conhecimento que permeia todas as relações sociais. Se quiser saber mais sobre a diferenciação entre ética e moral, acesse o vídeo recomendado a seguir.
>
> CONCEITO ILUISTRADO. **Filosofia**. Diferença entre Ética e Moral. Disponível em: <https://bit.ly/3izGlQ5>. Acesso em: 13 set. 2021.

O movimento por meio de estágios de raciocínio ético ocorre à medida que os indivíduos amadurecem. Nos níveis mais baixos de raciocínio moral, **pré-convencional**, os indivíduos fazem escolhas com base em consequências hedonísticas: orientados por aquilo que lhes dá prazer ou que lhes permite evitar a punição ou a dor. Nesse nível de raciocínio moral cognitivo, os indivíduos estão preocupados com as consequências de suas ações para si mesmos. No decorrer de seu amadurecimento, suas escolhas éticas são influenciadas pelos padrões dos grupos aos quais pertencem. Essa conformidade às regras e leis de grupos de pares governa as escolhas éticas no **nível convencional**. No nível mais alto de raciocínio moral, **pós-convencional** ou **baseado em princípios**, as escolhas éticas dos indivíduos são feitas em conformidade com princípios que eles aceitaram ou desenvolveram para si mesmos.

Os padrões éticos resultam da socialização desses indivíduos em suas famílias, comunidades, instituições religiosas etc. Quando ingressam em organizações, os contextos em que trabalham se tornam igualmente determinantes de suas escolhas éticas. Tendo em vista o comportamento ético, o contexto organizacional é mais forte do que a capacidade de raciocínio moral individual ou padrões previamente adotados. A cultura organizacional, a presença e a força de um código de comportamento, a modelagem de papéis por parte dos gerentes, o sistema de recompensa e as consequências pessoais de escolhas éticas na carreira podem substituir o código de comportamento do indivíduo ou a capacidade de raciocinar eticamente.

Logo, a ética afeta as carreiras de várias maneiras. Crenças pessoais sobre um trabalho valioso para a sociedade e condizentes com os valores dos indivíduos influenciam a escolha de uma profissão. As decisões de ingressar, permanecer ou deixar uma carreira ou uma corporação específica podem ser tomadas com base na congruência entre as crenças morais do indivíduo e aquelas promulgadas e exigidas pela organização.

> **Perguntas & respostas**
>
> **O que é ética profissional?**
>
> A ética profissional "abrange todos os setores profissionais da sociedade industrializada" cujo objetivo central é "interrogar mais amplamente o papel social da profissão, sua responsabilidade, sua função e sua atitude frente a riscos e ao meio ambiente" (Ética, 2021).

Um dos critérios que determina a existência de uma profissão é a presença de um **código de ética** geralmente aceito por aqueles que atuam na área. As profissões, portanto, socializam seus membros por meio de comportamentos considerados éticos por seus praticantes; entretanto, esses padrões podem entrar em conflito com as expectativas dos próprios funcionários. Afinal, diferentes tipos de dilemas éticos são enfrentados por indivíduos em estágios distintos da carreira, como em eventuais situações de pressão, manutenção ou desligamento do colaborador.

Logo, para se atingir as normas de desempenho, é fundamental a aceitação, entre os pares, de preceitos éticos. Além disso, se a organização faculta importância desmedida ao alcance de suas metas, o profissional em estágio inicial de carreira pode se sentir pressionado a atingir os objetivos previamente traçados por qualquer meio, seja ético, seja antiético. O potencial para atalhos éticos aumenta quando os superiores não modelam o comportamento ético de sua equipe.

Quando os indivíduos se adaptam à rotina organizacional, eles assumem compromissos com sua profissão e, normalmente, ficam cada vez mais ocupados (e preocupados) com o avanço de sua carreira. Altos níveis de competição podem resultar em comportamentos éticos individualistas com vistas, pro exemplo, a uma promoção. Sujeitos ambiciosos por grande sucesso podem apresentar um sentimento mais intensificado nesse sentido. Em eventuais iniciativas que fomentem competições internas, a pressão pode conturbar os valores éticos. Assim, é preciso ter em mente o compromisso com o desenvolvimento pessoal e organizacional.

Durante os estágios de reestruturação e desligamento, pode-se esperar que as pressões externas e internas para violar os padrões éticos na busca das metas organizacionais diminuam. Com históricos estabelecidos, competição diminuída e mais aceitação pessoal no que diz respeito aos níveis de realização subjetiva, prevê-se uma redução das pressões internas e externas geradoras de comportamentos antiéticos. Além disso, à medida que os indivíduos se tornam mais focados em seus legados de trabalho, podem incentivar e ajudar os colegas no alcance de uma realização na carreira, de modo que seu sistema de trabalho seja integrado. Contudo, profissionais em estágio de manutenção, no topo de suas carreiras, ou seja, frequentemente em posições que facilitam o cometimento de alguma violação ética, podem querer encorajar os subordinados a usar meios eticamente questionáveis para atingir as metas organizacionais. Além disso, funcionários em cargos de alta gerência enfrentam influências externas de acionistas e seus conselhos administrativos, que pressionam o aumento no preço das ações.

> **Perguntas & respostas**
>
> **Qual é o limite ético para a disputa por uma realocação profissional?**
> A natureza de uma pressão que fomenta um tipo de comportamento antiético é variável, pois os diversos tipos de questões éticas enfrentadas e a motivação de comportamentos éticos ou antiéticos sofrem alterações ao longo de uma carreira, mas nenhum estágio imuniza os indivíduos da necessidade de lidar com questões éticas, por vezes bastante problemáticas.

Em outro extremo, os indivíduos que permanecem em cargos ou organizações que exigem alguma violação de seus padrões éticos pessoais podem desconectar suas emoções da situação de trabalho e, portanto, reduzir o compromisso com a organização e deixar de se preocupar com a cidadania organizacional. As percepções da cultura ética estão fortemente relacionadas à satisfação no trabalho e ao comprometimento organizacional e, portanto, a comportamentos que concretizam certo tipo de cultura organizacional.

O comportamento ético ultrapassa o julgamento pessoal do que é certo ou errado. Em regra, cada categoria profissional tem seu código de ética específico.

1.3.1 Autoconhecimento

Conscientização é um conceito central no desenvolvimento de carreira. O autoconhecimento pode ser definido como uma percepção relativamente completa e precisa das qualidades individuais e das características do ambiente.

Há dois tipos de consciência identificados na literatura: autoconsciência e consciência ambiental.

A **autoconsciência** refere-se à percepção realista e precisa de interesses, valores, habilidades, limitações e preferências de estilo de vida de alguém. Em sua forma mais básica, requer que os indivíduos dediquem um tempo para desenvolver percepções sobre si mesmo e avaliar o que é significativo em suas vidas.

Tanto a autoconsciência quanto a **consciência ambiental** são indiscutivelmente importantes para o sucesso na tomada de decisões e gerenciamento de carreira. Diferentes teóricos usaram construtos distintos para se referir à autoconsciência, como *autoconceito* e *autoimagem*. Todos os principais modelos de desenvolvimento de carreira tentaram explicar como os profissionais obtêm e utilizam o autoconhecimento em suas escolhas de carreira de forma a moldar seu desenvolvimento. Um pressuposto fundamental que orientou a maioria, se não todas, as principais teorias de desenvolvimento de carreira é que este é essencial para progredir e desenvolver a atuação profissional.

Da mesma forma, a maioria dos modelos de gestão de carreira adota a noção de que o sucesso e a satisfação normalmente são alcançados por indivíduos que desenvolvem percepções sobre si mesmos e seus ambientes de trabalho. A autoconsciência também desempenha um papel crítico nos modelos de autogestão. Simplificando: a autogestão corresponde a um processo de influência incluindo autoavaliação, automonitoramento etc.

Assim, **conhecer-se** significa "construir sua identidade pessoal, social e cultural, constituindo uma imagem positiva de si e de seus grupos de pertencimento, nas diversas experiências de cuidados, interações [...] e linguagens vivenciadas na instituição [...] [organizacional] e em seu cotidiano familiar e comunitário" (Brasil, 2017).

Para avaliar plenamente o papel da autoconsciência no desenvolvimento da carreira, é essencial compreender a natureza das carreiras contemporâneas. Houve muitas mudanças ambientais que impactaram profundamente a base do desenvolvimento pessoal e profissional. Por exemplo, foi amplamente documentado que os locais de trabalho que se alteraram de modo veloz, combinados com as transições organizacionais, tecnológicas e sociais, deixaram poucos marcos externos de desenvolvimento de carreira e abriram caminho para as carreiras autogerenciadas. Além disso, mudanças psicológicas e estruturais quanto às oportunidades organizacionais tradicionais, bem como uma profunda modificação no significado de sucesso na carreira e maior consciência do impacto de questões familiares no estilo de vida profissional, compeliram os sujeitos a criar seus próprios planos de desenvolvimento pessoal e de carreira.

Em tempos tão incertos e de mudanças rápidas, tem havido uma pressão cada vez maior sobre os funcionários para que desenvolvam um conjunto de competências de carreira que lhes permita desenvolver percepções sobre si e o ambiente que os rodeia. Tais competências são importantes para alcançar o sucesso e a satisfação na carreira.

Ainda, a autoconsciência contribui para o desenvolvimento da carreira por outras razões, pois também é um traço de personalidade e uma habilidade que tem sido considerada fundamental para o desempenho individual e para a excelência gerencial. Uma consciência completa dos próprios interesses, valores, talentos e preferências de estilo de vida permite que os indivíduos estabeleçam metas de carreira adequadas, desenvolvam estratégias de carreira apropriadas e regulem seu comportamento com sucesso.

Da mesma forma, engajar-se em autoavaliações pode se tornar ainda mais importante quando os indivíduos experimentam maior ambiguidade sobre as demandas ambientais, como aquelas encontradas durante as transições de carreira ou situações de conflitos organizacionais. Isso não significa, porém, que as autoavaliações servem somente em tempos de mudanças organizacionais drásticas.

1.3.2 Desenvolvimento profissional

Como já mencionamos, a **contribuição** é um dos principais objetivos da carreira profissional. Sob essa ótica, as pessoas são o recurso mais importante que uma organização pode ter; por outro lado, torna-se a principal responsabilidade das organizações cuidar de seus funcionários e dar-lhes a oportunidade de crescer, especialmente para aqueles que estão preocupados com os resultados organizacionais e se esforçam para atingir as metas.

A carreira no século XXI é medida pelo aprendizado contínuo dos funcionários e pelas mudanças observadas ao longo do tempo. Por consequência, já não há uma preocupação com questões que outrora influenciavam a formação do colaborador, como o gênero e a faixa etária. Logo, o desenvolvimento da carreira deixou de ser uma entre tantas responsabilidades das organizações para se transformar em algo que de fato atenda às necessidades dos profissionais, de modo a criar cargos nos quais eles possam acomodar suas ambições crescentes.

Os funcionários que estão preocupados com a carreira na organização buscam a oportunidade de mostrar seu talento, de crescer até o nível máximo possível a fim de alcançar suas metas e objetivos. Todavia, a noção de crescimento pode ter significados diferentes a depender da perspectiva adotada por cada pessoa. Há quem considere crescimento de carreira o aumento salarial tão somente; outros entendem que se refere ao alcance de uma posição hierárquica (e de poder) mais alta; alguns desejam adquirir habilidades e competências que respaldem seu crescimento como ser humano.

Nesse contexto globalizado e de redução dos postos de trabalho, os funcionários desejam que sua organização lhes dê a oportunidade de crescer e realizar suas ambições; por sua vez, eles precisam estar preparados para esses cargos. Portanto, cabe ao profissional se certificar de que, além da disposição, tem habilidades e competências para desempenhar um trabalho específico com eficiência. Para isso, pode utilizar as técnicas que visam promover o autoconhecimento através da autoavaliação. A promoção a um nível superior na organização exige o desenvolvimento de novas e melhores aptidões. Da mesma forma, as empresas precisam se tornar proativas na concepção e na implementação de programas de desenvolvimento de carreira para seus colaboradores. Afinal, a capacitação é a melhor saída para diminuir a rotatividade de funcionários.

Embora saibamos que a responsabilidade do planejamento de carreira é pessoal, no mundo turbulento e terrivelmente ambíguo do trabalho atual, torna-se responsabilidade dos empregadores fornecer-lhes oportunidades para atingirem seus objetivos. As empresas precisam criar esse ambiente e cultura de aprendizados contínuos e apoiar seus colaboradores, motivando-os e recompensando-os. O desenvolvimento de carreira é um processo constante em que tanto os funcionários quanto os empregadores devem se esforçar para criar um ambiente propício a fim de que as metas organizacionais sejam atingidas e, ao mesmo tempo, haja um desenvolvimento pessoal saudável e em alinhamento com as expectativas de ambas as partes.

Exercício resolvido

As formas de qualificação estão ligadas a curso de especialização ou à busca de novas técnicas que orientem a prática profissional. Essa deve ser uma preocupação tanto dos profissionais quanto da organização. Sabe-se que, entre os princípios que delimitam a carreira profissional, o autoconhecimento é fundamental. Tendo isso em vista, é correto afirmar que o autoconhecimento:

a) corresponde ao modo como a organização enxerga seus funcionários, tão somente.
b) corresponde a uma técnica essencial que, aliada à autoavaliação, permite o autorreconhecimento de qualidades e falhas.
c) equivale a uma sensação subjetiva que não deve ser abordada no ambiente coorporativo.
d) é regulado por protocolo específico dentro da organização.

Gabarito: b.

O autoconhecimento é fundamental para a identificação de eventuais pontos fracos, mas também para o reconhecimento de habilidades específicas e metas de carreira a serem atingidas. Assim, é necessário desenvolver uma técnica de autopercepção que permita refletir sobre a posição que o profissional ocupa e que pretende ocupar futuramente no quadro organizacional. O meio para se autoconhecer varia para cada sujeito em particular dependendo de sua trajetória.

Síntese

- A carreira organizacional pode ser compreendia a partir de vários aspectos. Em regra, diz respeito à movimentação funcional de um empregado dentro de uma organização.
- Apesar de, no cotidiano, acreditarmos que o desenvolvimento da carreira organizacional se limita aos cargos de *staff* e administração, na verdade, caracteriza-se como um elemento pertinente a várias categorias.
- Os benefícios atrelados à carreira não se resumem, para o trabalhador, ao aumento de salário, mas se estende a outros valores, como o reconhecimento de sua participação na cultura organizacional.

- O desenvolvimento de carreira também gera benefícios para a organização, como redução de custos como processos de recrutamento e retenção de talentos.
- Alguns princípios éticos organizam as condutas das carreiras ou até mesmo definem sua existência. O autoconhecimento gerado pela autoavaliação também é um parâmetro para o empregado, visto que o auxilia a saber se, de fato, está apto para ocupar o posto de trabalho desejado.

Estudo de caso

Contextualização

O presente caso aborda a situação de uma funcionária que decidiu ingressar na graduação. Ele deve ser analisado em um contexto mais amplo, abarcando todos os personagens envolvidos. O desafio é entender sobre a promoção de carreira.

Caso

Maria Santos, 28 anos, graduada em Administração, trabalha há 12 anos na fábrica de massas Estrela. Sua trajetória profissional na empresa começou quando, aos 16 anos de idade, ela assumiu o posto de jovem aprendiz; à época, estudava pela manhã e desenvolvia suas atividades laborais no turno da tarde. Já no início de sua carreira, Maria era sempre elogiada por seu desempenho e esforço. Assim que fez 18 anos foi integrada ao quadro de colaboradores como recepcionista e, buscando se especializar, matriculou-se em uma faculdade de Administração.

Quando soube que Maria estava estudando, seu superior a procurou e disse que sua jornada iria passar do regime de 8 horas diárias para 6 horas diárias (jornada corrida) a fim de que ela tivesse condições mais favoráveis para desenvolver seus estudos.

Aos 22 anos, Maria finalizou a graduação e logo assumiu o posto de analista administrativa do setor de controle de qualidade da empresa. No momento, ela almeja uma promoção para o cargo de gestão de controle, mas, para ocupá-lo, é preciso um conhecimento específico do setor produtivo e um grau técnico em normas de controle de qualidade estabelecidas pelas autoridades competentes. Os anos se passaram e Maria não foi promovida, mas ela não parou de se questionar por qual motivo.

Diante dessa situação, quais seriam as ações cabíveis para Maria buscar a promoção de carreira?

Resolução

Percebe-se que a empresa na qual Maria é colaboradora reconhece a importância da carreira para a cultura organizacional. O caso mostra dois momentos em que Maria subiu na hierarquia organizacional (na passagem da condição de aprendiz para recepcionista e, depois de finalizada a graduação em Administração, para analista administrativa). Tais promoções, portanto, estavam condicionadas ao grau de evolução e qualificação da profissional. Maria, almejando, após um período, o cargo de gestão de controle, deveria, por meio de uma autoavaliação (autoconhecimento), perguntar-se se detinha conhecimento técnico e específico necessários para ocupar a vaga desejada. Para isso, caberia colocar diante de si os seguintes questionamentos autoavaliativos:

- Qual é minha maior prioridade no momento?
- Quais ações desempenho para atingir essa meta?
- Estou focada em minha meta?
- Com que gasto a maior parte da minha energia e onde empenho meus esforços?
- Estou colaborando para a melhoria da organização ou do meio no qual estou inserida?

Com isso, é provável que Maria chegasse à conclusão de que ainda não dispunha das habilidades específicas para a vaga, o que a motivaria a buscar o desenvolvimento pessoal necessário à sua requalificação profissional.

Dica 1

Leia o artigo a seguir que evidencia a importância do autoconhecimento no desenvolvimento profissional, abarcando valores, interesses pessoais, habilidades, expectativas etc.

ANDRADE, J. M. de.; CONSERVA JUNIOR, M. de S. **O autoconhecimento e a escolha profissional**. Disponível em <http://www.prac.ufpb.br/enex/trabalhos/4CCHLADPPROBEX2013567.pdf>. Acesso em: 13 set. 2021.

Dica 2

Assista a este vídeo em que se discute a noção de autoconhecimento e sua aplicabilidade na gestão de carreira e na vida em sociedade.

SÓLIDES TECNOLOGIA. **Desenvolvimento pessoal e profissional através do autoconhecimento**. 14 fev. 2019. Disponível em: <https://www.youtube.com/watch?v=i3uXgevhVW8>. Acesso em: 13 set. 2021.

Dica 3
A leitura do material indicado a seguir ajuda a compreender a avaliação de desempenho e gestão por competências, além do plano de capacitação de pessoal. Os autores tratam, inclusive, de questões como remuneração, promoção e crescimento.

SCHIKMANN, R. Módulo 3 – Conceitos e princípios sobre carreira e remuneração. In: SCHIKMANN, R. **Gestão estratégica de pessoas e planos de carreira**. Brasília: Enap, 2006. Disponível em: <https://repositorio.enap.gov.br/bitstream/1/2126/1/GEST%C3%83O_ESTRAT%C3%89GICA_PESSOAS_M%C3%B3dulo_3.pdf>. Acesso em: 13 set. 2021.

2 Aspectos conceituais da gestão de carreira

Conteúdos do capítulo

- Conceito de gestão.
- Noções sobre gestão de carreira.
- Implantação de carreiras.
- Diagnóstico das organizações.
- Papel da empresa.
- Papel dos colaboradores.

Após o estudo deste capítulo, você será capaz de:

- conceituar gestão de carreira;
- verificar as formas de implantar a carreira na organização;
- realizar um diagnóstico de carreira;
- apontar os papéis da organização e dos colaboradores na gestão de carreiras.

Neste capítulo, versaremos sobre aspectos conceituais da gestão de carreira, verificando de que maneira afetam o desempenho organizacional e pessoal do empregado. Refletiremos a respeito das contribuições da carreira para o sucesso da organização. Ainda, analisaremos como pode ser implementada a gestão de carreiras e quais são suas contribuições para a organização. Afinal, ao se implantar uma gestão de carreira, como ela deve ser direcionada a cada categoria profissional? Para tanto, continuaremos nosso debate sobre o papel e a responsabilidade das organizações e de cada funcionário na construção de uma carreira.

2.1 Tipos de gestão

Um lugar onde indivíduos de diversas origens, com diferentes qualificações educacionais e interesses variados se reúnem para trabalhar em prol de um objetivo comum é denominado *organização*. Os funcionários devem trabalhar em estreita coordenação uns com os outros e dar o melhor de si para atingir os objetivos da organização. Para tanto, é fundamental gerir bem os colaboradores a fim de que eles se sintam indispensáveis para a empresa. Como dissemos, o trabalho em conjunto deve garantir o alcance da meta almejada pela corporação.

De forma clássica, **gestão** é o processo de fazer as coisas acontecerem por meio de pessoas. É o planejamento e o direcionamento de esforços, a organização e a aplicação de recursos (humanos e materiais) para realizar objetivos. Ainda, a função da administração ultrapassa a distribuição de ações entre os colaboradores e adentra a execução prática dos planos e das decisões de cada um deles e da organização como um todo. O cotidiano requer atividades administrativas específicas que os gerentes podem atribuir a executivos ou administradores. Assim, a função da gerência inclui atividades especificamente administrativas, além de responsabilidades gerais de gestão.

Logo, gestão corresponde ao processo de administrar e controlar todos os negócios da organização, sem que se pese sua natureza, espécie, estrutura e dimensão. De forma sucinta, a gestão constitui um ato de criar e manter um ambiente de negócio de forma a unir o trabalho dos membros da organização. Em outras palavras, o gestor está preocupado com a otimização dos 5M's, que corresponde a: método, máquina, material, mão de obra, medida e meio ambiente, integração que só é possível quando há o devido direcionamento, coordenação e união dos processos e das atividades com o intuito de alcançar os resultados desejados.

Logo, o ato de gerir está em toda parte. Sempre que as pessoas trabalham para atingir uma meta, elas estão se engajando na gestão. Desde a construção das pirâmides no Antigo Egito ou na Mesoamérica são usados princípios de gestão para atingir determinados objetivos. Atualmente, organizações de todos os tipos (sociais, políticas e econômicas) empregam técnicas de gerenciamento para planejar e organizar suas atividades.

Vista sua abrangência, a gestão admite vários conceitos. Para um economista, a gestão é um dos fatores de produção assim com a terra, o trabalho e o capital. À medida que a industrialização de uma nação aumenta, a necessidade de gerenciamento também se acentua. Os recursos gerenciais de uma empresa determinam, em grande medida, sua produtividade e lucratividade. O desenvolvimento executivo, portanto, é mais importante para as empresas em um setor dinâmico, no qual o progresso é rápido. Do ponto de vista do administrador, a gestão é um sistema de autoridade. Historicamente, a administração desenvolveu primeiro uma filosofia autoritária, que, mais tarde, se tornou paternalista. As principais características da **gestão autocrática** são:

- Os superiores não pautam ideias e sugestões dos subordinados.
- Os gerentes, líderes e superiores têm a responsabilidade exclusiva de tomar decisões sem se preocupar com o posicionamento de seus subordinados.
- Os funcionários são totalmente dependentes dos chefes e não têm liberdade para tomar decisões por conta própria.
- Os subordinados simplesmente seguem diretrizes e políticas formuladas por seus chefes.
- Aquilo que os superiores consideram certo para a organização tende a se tornar a política da empresa.
- Os funcionários são pouco motivados e consideram seu trabalho um fardo pesado de se carregar.

> **Para saber mais**
>
> Se desejar saber mais sobre a filosofia autoritária, leia o artigo indicado a seguir que trata dessa noção na perspectiva de Hannah Arendt.
>
> OLIVEIRA, D. S. de. Hannah Arendt: a origem da noção de autoridade. *Ética & Filosofia Política*, v. 9, n. 1, jun. 2006. Disponível em: <https://www.ufjf.br/eticaefilosofia/files/2010/03/9_2_davidson.pdf>. Acesso em: 13 set. 2021.

A **gestão constitucional** surgiu posteriormente e foi caracterizada pela preocupação com políticas e procedimentos consistentes no trato com o grupo de trabalho. Sobre esse modelo de gestão, pode-se destacar:

- No estilo paternalista de trabalho, os líderes ainda decidem o que é melhor para os funcionários e para a organização, mas a tendência de gestão segue uma abordagem democrática e participativa.
- As políticas são elaboradas para beneficiar os funcionários e a organização.
- As sugestões e os *feedbacks* dos subordinados são considerados antes de qualquer decisão.
- Os funcionários, nesse estilo de trabalho, sentem-se ligados à organização.
- Os colaboradores mostram-se motivados e gostam de seu trabalho.
- Os superiores recebem bem os *feedbacks* dos subordinados.
- Os funcionários são convidados a um fórum aberto para discutir os prós e os contras de planos organizacionais.
- O estilo democrático de trabalho garante uma comunicação eficaz e saudável entre a administração e os funcionários.
- Os superiores ouvem o que os funcionários têm a dizer antes de finalizar algo.

O **gerenciamento** consiste em orientar o desenvolvimento, a manutenção e a alocação de recursos para atingir as metas organizacionais. Os gestores são os responsáveis pela execução desse processo por meio de quatro funções principais: (1) planejamento, (2) organização, (3) liderança e (4) controle, de modo a aumentar a eficiência e a eficácia de processos, projetos, funcionários e da organização como um todo. As funções de gestão compõem um círculo de ações em que cada conjunto de componentes conduz ao próximo. Embora, para fins de análise, as funções possam ser identificadas como conjuntos separados de ações, o gerente, em sua prática, põe em funcionamento essas atividades de forma unificada, pois todas integram o processo geral de gestão.

Uma vez que as organizações são vistas como sistemas, a gestão pode ser definida como uma ação humana que visa facilitar a produção de resultados úteis de um sistema, tendo as seguintes características:

- **Universal**: Trata-se de uma prática que abrange todos os tipos de organização, haja vista a necessidade de gestão de suas atividades. Portanto, é de natureza universal.
- **Orientada para metas**: Toda organização tem um objetivo predeterminado e o gerenciamento ajuda a atingir tal meta em tempo hábil e sem maiores dificuldades.
- **Processo contínuo**: A gestão tende a persistir enquanto a organização se mantiver em funcionamento e diz respeito a todas as esferas da organização: produção, recursos humanos, finanças, *marketing* etc.
- **Multidimensional**: A gestão não se limita à administração de pessoas, estende-se ao trabalho, aos processos e às operações, o que a torna uma atividade multidisciplinar.
- **Atividade de grupo**: Uma organização é composta de vários membros com diferentes necessidades, expectativas e crenças. Cada pessoa ingressa na empresa por um motivo diferente, mas, depois de se tornar parte da organização, ela trabalha para atingir um mesmo objetivo. Requer supervisão, trabalho em equipe e coordenação, entrando em cena, portanto, a gestão.
- **Função dinâmica**: Uma organização existe em um ambiente de negócios atravessado por vários fatores sociais, políticos, jurídicos, tecnológicos e econômicos. Uma ligeira mudança em qualquer um desses fatores afeta o crescimento e o desempenho da organização. Assim, para superar essas adversidades, a gestão formula estratégias e as implementa.
- **Força intangível**: A gestão não pode ser vista nem tocada, mas sua existência é latente em sua forma de funcionamento.

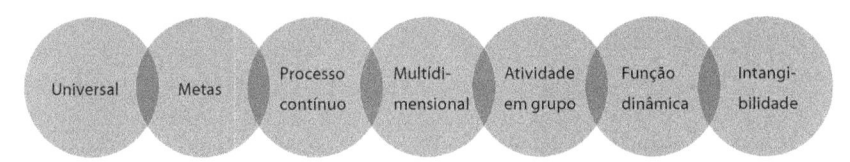

Figura 2.1 – Características da gestão

| Universal | Metas | Processo contínuo | Multidimensional | Atividade em grupo | Função dinâmica | Intangibilidade |

Além do gestor, outros integrantes da organização realizam atividades de gestão periodica ou rotineiramente; a diferença é que o gerente está incumbido dessas atividades em sua totalidade, percebendo-as como um conjunto contínuo de funções. Assim, quando esses processos se tornam rotineiros, o papel de gestão emerge.

As funções tradicionais de um gerente foram identificadas por Henri Fayol, que elencou as premissas subjacentes significativas para o papel do gestor. O alvo de qualquer organização é atingir seus objetivos, cuja meta pode ser aumentar a base de clientes, melhorar a reputação da empresa ou ter retornos financeiros substanciais. O lucro, contudo, ainda é o principal motor das organizações, pois, quando o negócio não está gerando lucro suficiente, seu funcionamento é comprometido. Precisamente, todas as funções, atividades e processos da organização estão interligados entre si e é tarefa da gestão reuni-los de modo que alcancem o resultado pretendido.

Para que uma organização obtenha maior eficiência em suas ações, a gestão pode ser dividida em três níveis que representam a posição e a classificação de executivos e gerentes, ou seja, trata-se da hierarquia organizacional, quais sejam:

1. **Gestão de nível superior**: Esse é o nível mais alto na hierarquia organizacional, inclui os conselhos de diretores e executivos-chefes, que são responsáveis por definir objetivos, formular planos, estratégias e políticas institucionais.
2. **Gestão de nível médio**: Corresponde ao segundo nível na escada corporativa, abrangendo chefes e gerentes departamentais e de divisão responsáveis pela implementação e pelo controle de planos e estratégias formulados pelos executivos do topo da pirâmide.
3. **Gestão de nível inferior**: Também chamado de *gerenciamento de nível funcional* ou *operacional*, inclui gerentes de primeira linha, capatazes

e supervisores. Como interage diretamente com os trabalhadores, a gerência de nível operacional desempenha um papel crucial na organização, pois auxilia na redução do desperdício e do tempo ocioso dos colaboradores, melhorando a qualidade e a quantidade da produção.

Figura 2.2 – **Níveis de gestão**

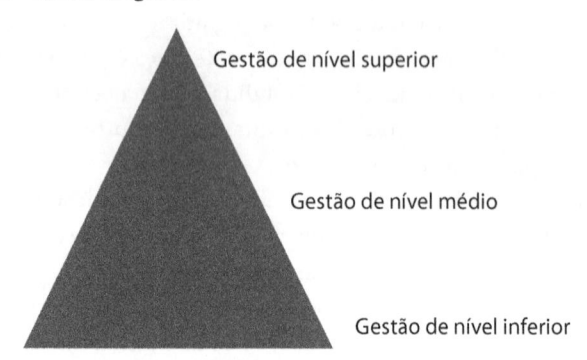

Gestão de nível superior

Gestão de nível médio

Gestão de nível inferior

Todavia, para atingir seu fim, a gestão deve contemplar inúmeros instrumentos, entre eles a coordenação, que corresponde à integração de atividades, processos e operações da organização e à sincronização de esforços com vistas a garantir que cada integrante contribua para o sucesso da empresa. Elencamos, a seguir, as características específicas da coordenação.

- **Planejamento**: Função primordial da administração que consiste em decidir, de antemão, o que deve ser feito. Abrange a formulação de políticas, estabelecimento de metas, programação de ações etc.
- **Organização**: Formulados os planos, o passo seguinte é organizar as atividades e os recursos, como identificar as tarefas, classificá-las, atribuir funções aos subordinados e alocar os recursos.
- **Pessoal**: Envolve a contratação de pessoal para a realização de várias atividades organizacionais, seu intuito é garantir que a pessoa certa seja nomeada para o cargo certo.
- **Direção**: Consiste no ato de orientar, supervisionar, liderar e motivar os subordinados a fim de que trabalhem corretamente e voltados às metas da empresa.

♦ **Controle:** Área que abrange uma série de etapas a serem executadas para garantir que o desempenho dos funcionários esteja de acordo com os planos previamente traçados. Ainda, consiste em estabelecer padrões de desempenho e compará-los com a realidade, em caso de variações, devem ser tomadas as providências necessárias para sua correção.

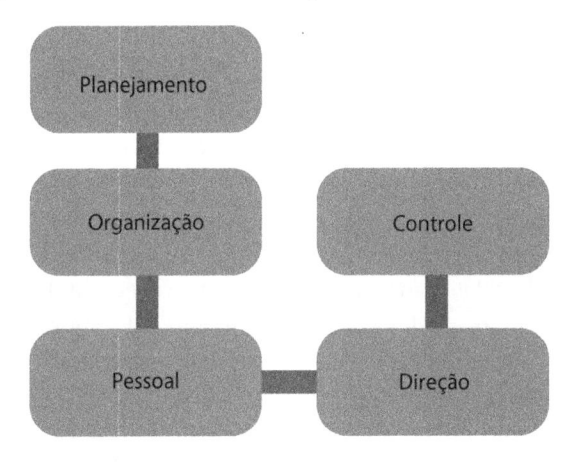

Figura 2.3 – **Características da coordenação**

[Diagrama: Planejamento — Organização — Pessoal; Controle — Direção; com conexões entre Organização-Pessoal-Direção-Controle]

Grosso modo, a gestão organizacional é uma atividade que visa cumprir o propósito da empresa, tratando de forma adequada todos os processos e recursos disponíveis. É uma disciplina que se presta a planejar, organizar e executar atividades que atendam às aspirações preestabelecidas da empresa.

O **gerenciamento organizacional** é um conceito que abrange uma organização inteira, por isso costuma ser de responsabilidade de executivos sêniores com amplo conhecimento e influência em toda a organização. Essa atividade é frequentemente orientada por um conjunto de objetivos que devem ser alcançados de forma a cumprir a visão de longo prazo da empresa. Para tanto, é preciso gerenciar adequadamente todos os recursos disponíveis, como financeiros, de pessoal, instalações, relações comerciais, conhecimentos processuais e técnicos, enfim, todo o aparato que integra os ativos da empresa, tangíveis ou intangíveis.

A maioria dos acadêmicos concorda que a gestão organizacional lida com quatro estágios principais (aqui já citados): (1) planejamento, (2) organização, (3) liderança e (4) controle. O planejamento e a organização referem-se a todas as atividades precedentes. A liderança, por sua vez, consiste em executar os planos por meio de recursos previamente organizados e controles avaliativos dos resultados obtidos, promovendo ajustes, se necessário.

Logo, o gerenciamento da organização ocupa-se em reunir pessoas em uma plataforma comum a fim de que trabalhem por um objetivo predefinido e partilhado entre todos. A gestão da organização permite o uso ideal dos recursos por meio de planejamento meticuloso e efetivo controle no local de trabalho. Assim, é ela quem orienta os funcionários. De tal modo, todos devem estar totalmente cientes de suas funções e responsabilidades. Além disso, cada organização ou local de trabalho tem princípios ou regras que regem os comportamentos de seus funcionários, cujo conhecimento deve ser compartilhado e seguido por todos. Por exemplo, cada colaborador, independentemente de seu departamento, deve conhecer o canal de reclamações/sugestões da empresa.

A gestão da organização envolve tudo o que os gerentes ou superiores fazem para garantir o bom funcionamento da empresa, o que também implica a criação de um ambiente propício para que os funcionários sejam mais eficientes no desempenho de suas funções. Ainda, abrange o uso adequado dos recursos disponíveis por meio do planejamento e do controle adequados do ambiente de trabalho. Uma gestão organizacional eficaz, com planejamento, organização, liderança e controle adequados dos recursos disponíveis, leva as empresas a atingirem seus objetivos diários. Assim, cabe aos executivos a tomada de decisão e a resolução rápida de problemas.

O gerenciamento da organização é benéfico se devidamente planejado e executado, ainda que possa ocorrer de diferentes maneiras, a depender das características de cada empresa. E essa é a maior relevância da gestão organizacional, pois garante a sobrevivência de qualquer estabelecimento. Desse modo, também é uma ferramenta de auxílio aos gerentes na divisão de funções, o que impacta diretamente a realocação de recursos necessários de acordo com a meta departamental preestabelecida. A gestão da organização não se limita a criar roteiros com os objetivos de cada departamento, mas ajuda os gerentes a determinar o que deve ser feito para se atingir as metas departamentais e da empresa como um todo. Por meio desse instrumento, os gerentes também conseguem responder rapidamente às expectativas externas e internas da organização.

Uma estrutura organizacional adequada permite que os gerentes ou executivos administrem os assuntos de cada departamento da empresa. Os funcionários compreendem seus deveres e suas responsabilidades de forma global, concedendo-lhes mais autonomia, na maioria dos casos, para executá-los sem esperar instruções do gerente. A gestão eficaz facilita o compartilhamento e a comunicação de informações, diminuindo os conflitos interdepartamentais. Ademais, permite que os funcionários entreguem os projetos que lhes foram atribuídos dentro do prazo, visto o acompanhamento contínuo.

Logo, o gerenciamento da organização cria o ambiente adequado para os funcionários realizarem as tarefas a eles atribuídas dentro do prazo acordado. Para tanto, são lhes fornecidos materiais e recursos necessários ao trabalho executado, mas, em sua ausência, sabem a quem recorrer para adquiri-los. Assim, cabe aos funcionários seguir o devido processo no desempenho de suas funções.

2.2 A complexa rede da gestão de carreira

O gerenciamento de carreira é um processo de investimento de recursos ao longo da vida para se atingir objetivos futuros. Essa continuidade fomenta a adaptação a novas demandas econômicas, que, diga-se, têm instado um dinamismo sem igual na contemporaneidade.

A gestão de carreira abrange, como temos declarado, conceitos como autoconsciência, planejamento do desenvolvimento de carreira, exploração e aprendizagem continuada e, como não poderia deixar de ser, *networking*.

A gestão de carreira é o processo pelo qual se planeja e molda a progressão de indivíduos dentro de uma organização de acordo com as necessidades e os objetivos organizacionais, mas também quanto ao potencial de desempenho e as preferências de seus colaboradores. Em suma, há uma integração entre os objetivos do trabalhador e os da organização.

Figura 2.4 – *Continuum* da gestão de carreira

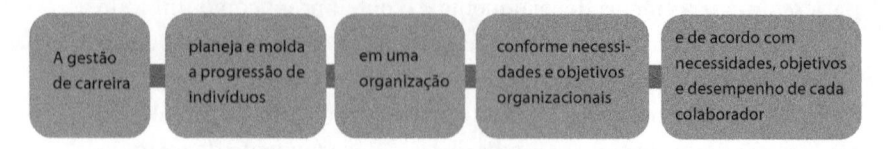

| A gestão de carreira | planeja e molda a progressão de indivíduos | em uma organização | conforme necessidades e objetivos organizacionais | e de acordo com necessidades, objetivos e desempenho de cada colaborador |

Os programas de gestão de carreira se propõem a envolver os funcionários na definição de seus próprios objetivos e no reconhecimento de seus pontos fortes e suas fraquezas, auxiliando-os na identificação de necessidades e, com isso, de novas oportunidades de treinamento/especialização. Essa integração, por sua vez, é alcançada mediante a construção de um processo de finalização e de compromisso com a instituição. Assim, planos de carreira são indicativos de mobilidade em diferentes direções dentro da empresa.

Ainda, os programas de gestão de carreira visam melhorar a correspondência entre cargo e colaborador. Uma avaliação das habilidades e das competências dos funcionários pode ajudar a acomodá-los em posições que lhes são mais adequadas, de acordo com suas aptidões. Por meio de práticas como transferências e rotação, a eficácia pode ser intensificada em uma instituição operacional. Programas de gestão de carreira também resultam em uma redução na necessidade de recrutar externamente funcionários, o que sempre demanda mais recurso.

Exercício resolvido

As organizações devem estabelecer metas a serem seguidas por todos os colaboradores. Para isso, é fundamental que seu quadro de funcionários apresente profissionais qualificados em cada etapa. Nesse sentido, a carreira é imprescindível na retenção de talentos em uma organização. Com relação ao programa de carreira, é correto afirmar que é:

a) uma finalidade organizacional, tão somente.
b) um objetivo que se restringe ao colaborador.
c) uma tentativa de atender às necessidades de sócios organizacionais, tão somente.
d) de interesse também do funcionário, que deve se esforçar para definir seus objetivos.

Gabarito: d.

O sucesso dos programas de carreira depende necessariamente da participação dos sujeitos trabalhadores. Logo, a gestão também é de interesse pessoal, motivo pelo qual cada colaborador deve buscar autoconhecer-se a fim de definir seus objetivos. Vale lembrar, porém, que isso não implica ausência da organização, pois a gestão de carreira cumpre finalidades subjetiva e organizacional.

2.2.1 Implantação de carreiras

O caminho de uma carreira corresponde a um processo estruturado e abrangente de forma que a organização possa ajudar os funcionários a visualizar seu crescimento dentro da empresa. Assim, o programa de carreira propicia, comprovadamente, transições bem-sucedidas de funcionários, cujo alcance está atrelado ao planejamento da sucessão, ao envolvimento dos funcionários, à observação de habilidades e ao alinhamento entre os objetivos dos colaboradores e da empresa.

A cultura corporativa é um dos fatores organizacionais que influencia os funcionários em seu crescimento ou, então, mina sua gestão de carreira. A organização (seus gestores) deve reconhecer a diversidade entre pessoas cujas personalidade, história e objetivos de vida são distintos, ou seja, os colaboradores não podem mais ser vistos como meros recursos organizacionais, mas têm de ser reconhecidos como principais impulsionadores na busca de resultados, e não como agentes estáticos (Chiavenato, 2008).

Para Spitzer (1997) os funcionários também guardam expectativas de que o trabalho pode e deve ser estimulante. Eles querem desempenhar uma atividade agradável e, ao mesmo tempo, desafiadora, que não se assemelhe a uma espécie de agonia de segunda à sexta-feira. Contudo, não somente fatores externos mantêm o indivíduo motivado, é preciso rever a combinação de fatores internos, ou seja, a empresa também tem de se responsabilizar pela motivação (ou falta de) de seus colaboradores.

Para Chiavenato (2006), o desenvolvimento organizacional, ainda que não intencionalmente, desenvolve um modelo de gestão de pessoas muitas vezes baseado em estratégias e mudanças ambientais que o afetam.

Cumpre lembrar que os planos de carreira e sua implementação são métodos tradicionais pelos quais um funcionário pode se desenvolver e progredir dentro de uma organização. Os níveis de carreira correspondem a uma progressão de cargos em campos ocupacionais específicos de uma organização, os quais são classificados do mais alto ao mais baixo com base no nível de responsabilidade e remuneração. Os planos de carreira abrangem formas variadas de promoção, incluindo as tradicionais escadas verticais, duplas ou horizontais, bem como a progressão fora da organização e o ingresso em novas carreiras.

Logo, a implementação de um plano de desenvolvimento de carreira fornece aos funcionários um mecanismo contínuo para aprimorar habilidades e conhecimentos de modo que domine seu emprego atual, possíveis promoções e transferências para novos ou diferentes cargos. A implementação de planos de carreira também pode ter um impacto direto em toda a organização, melhorando a moral, a satisfação com a carreira, a motivação, a produtividade e a capacidade de resposta no cumprimento dos objetivos departamentais e organizacionais.

Muitos fatores influenciam a tomada de decisão por implementar planos de carreira formais, como:

- incapacidade de encontrar, recrutar e colocar as pessoas certas nas funções certas;
- desligamento de funcionários;
- exigência, por parte dos colaboradores, de maior flexibilidade no local de trabalho;
- falta de diversidade no topo da gestão;
- formação de um quadro multigeracional;
- oportunidade limitada de avanço em organizações menores ou mais planas; e
- mudança da cultura organizacional.

A maioria das organizações pode se beneficiar aumentando os esforços para estabelecer estratégias claras de crescimento interno. Caminhos e escadas de carreira podem ser ferramentas estratégicas eficazes para alcançar resultados organizacionais positivos, se utilizados como meio para garantir o crescimento e a produtividade contínuos da organização.

O que é?
Uma carreira compreende a observação de um processo contínuo divido em vários estágios. Os caminhos e escadas de carreiras podem ser compreendidos como níveis ocupados pelo funcionário no *staff* de uma organização.

Chiavenato (2006) define o desenvolvimento da carreira como os resultados das ações nos planos de carreira, vistos tanto da perspectiva individual quanto organizacional. Resumindo, o desenvolvimento da carreira é tomado por dois pontos de vista: o empregador (a organização) e o empregado (o indivíduo). Assim, o objetivo da organização é maximizar a produtividade de seus recursos humanos para atingir seus objetivos, e o desenvolvimento de carreira garante a melhor combinação entre profissionais e cargos.

Cabe à organização, portanto, informar-se sobre como seus funcionários estão gerenciando as respectivas carreiras e, obviamente, estruturar o progresso de seus colaboradores. Do ponto de vista do colaborador, o desenvolvimento de carreira é muito importante, pois serve como uma ferramenta útil ou mesmo uma plataforma de lançamento para que eles atinjam seus objetivos, que vão desde salários mais altos, bem como incentivos e bônus, até maior flexibilidade e satisfação no trabalho.

Ainda, o desenvolvimento de carreira corresponde a um processo que abrange a vida de um indivíduo e que, inevitavelmente, molda sua identidade profissional, e dura a vida toda, começando na infância – quando, por exemplo, uma criança vê um bombeiro salvar alguém de um prédio em chamas e, totalmente pasma, declara: "Quero ser bombeiro quando crescer".

Nesse modelo processual, algumas etapas são fundamentais, como:

- experiência em um campo específico de interesse;
- sucesso em cada estágio de desenvolvimento;
- desempenho educacional proporcional a cada estágio de incremento;
- comunicações (a capacidade de refletir analiticamente a adequação de alguém para um emprego por meio da carta de apresentação, currículo e/ou processo de entrevista);
- compreensão do desenvolvimento de carreira como um processo navegável.

Dito isso, a implantação da carreira pode ser sintetizada como o **processo contínuo de administrar a vida, o aprendizado e o trabalho de alguém (como um todo, não apenas o trabalho dentro de uma organização) a fim de avançar em direção a um futuro desejado.**

O desenvolvimento de carreira está rapidamente se tornando uma frase de efeito, não apenas entre leigos, mas nas posições de gestão mais altas dentro das organizações. Muitas empresas chegam a estabelecer programas de desenvolvimento de carreira para toda a sua força de trabalho, isso porque os gestores se conscientizaram de que o desenvolvimento da carreira não é algo que beneficia apenas o indivíduo, mas também a organização.

Um plano de carreira contribui, ainda, para a adaptação à natureza mutável do trabalho e aos tipos de empregos, auxiliando na gestão dos requisitos de mão de obra. Ademais, as organizações estão se tornando mais sérias quanto à implementação de programas de desenvolvimento de carreira porque desejam resolver os vários problemas de recursos humanos que aparecem em seu horizonte. Por meio da implementação de carreira, a organização pode planejar sua estrutura de forma mais eficaz e eficiente. As auditorias organizacionais são frequentemente conduzidas para verificar se a estrutura atual tem funcionado devidamente ou se necessita passar por reestruturação e reorganização de equipe. As empresas também podem verificar a falta de trabalhadores com certas habilidades para liderar as operações necessárias, de modo a garantir um fornecimento estável e contínuo de trabalhadores qualificados e talentosos. Vale ressaltar que os melhores e mais talentosos candidatos a empregos priorizam a inscrição em empresas com programas de desenvolvimento de carreira sólidos. Portanto, essas organizações têm menos dificuldade em atrair candidatos para suas vagas.

Em acréscimo, garantir um bom ajuste entre o trabalho e o titular do cargo é uma das razões fundamentais pelas quais há desenvolvimento de carreira. Para progredir na carreira, o titular do posto de trabalho deve certificar-se de que é capaz de desempenhar a função plenamente, e uma forma de assegurar isso é buscar de forma ativa o desenvolvimento de carreira com o objetivo de melhorar a si mesmo (autoconsciência).

Por fim, os funcionários que trabalham em uma empresa e adotam uma postura forte e positiva no desenvolvimento de carreira se sentem mais motivados para trabalhar. Eles tendem a permanecer na empresa considerando-se seu empenho no plano de carreira em curso. Entretanto, caso não enxerguem oportunidades de crescimento, eles simplesmente procuram outras organizações que lhes ofereçam melhores chances. Essa motivação gera alta satisfação com o trabalho, o que cria um efeito dominó na produtividade individual e organizacional.

2.2.2 Diagnósticos organizacionais

Os ambientes econômicos, sociais e políticos costumam introduzir mudanças rápidas, e muitas vezes radicais, nas organizações; porém, a mudança de direção organizacional não pode ser exagerada, pois o diagnóstico organizacional é a primeira etapa crítica no planejamento de possíves intervenções. A falha em desenvolver estratégias adequadas pode reduzir a eficácia, desperdiçar recursos limitados e, em casos extremos, resultar em declínio e colapso organizacional. O diagnóstico tem de compreender os problemas da entidade, identificando as bases causais e selecionando intervenções apropriadas, independentemente de a mudança ser ou não emergente. Na ausência de um processo de diagnóstico rigoroso, consultores e líderes organizacionais tendem a lidar com os problemas de modo equivocado e/ou escolher as soluções inadequadas.

O diagnóstico organizacional também influencia na prontidão para a mudança, visto que, feitos o levantamento e a análise de erros e falhas, todos podem se empenhar em liquidar tais problemas, de modo a buscar o sucesso das iniciativas organizacionais. É sabido, porém, que a definição e a aplicação do diagnóstico organizacional muitas vezes são interpretadas e utilizadas equivocadamente. Algum tempo atrás, o diagnóstico organizacional era feito, normalmente, mediante três métodos distintos de coleta de dados: (1) observação, (2) entrevista e (3) questionário; nesse modelo, os termos *diagnóstico* e *coleta de dados* eram empregados indistintamente. Décadas depois, a compreensão do diagnóstico organizacional foi aprimorada, e seu significado passou a ser: análise crítica da natureza de algo. Logo, o diagnóstico organizacional corresponde a investigações que desenham conceitos, modelos e métodos relativos às ciências comportamentais, a fim de examinar o estado atual de uma organização e ajudar os indivíduos a encontrar maneiras de resolver problemas ou melhorar a eficácia organizacional.

Os modelos de diagnóstico permitem abordar questões organizacionais proposital e sistematicamente. Baseando-se no comportamento das teorias da ciência, tais modelos auxiliam a organização a sistematizar grandes quantidades de informações a fim de orientar a tomada de decisão de gerentes de acordo com a realidade vivenciada. Assim, trata-se de um método criativo que visa conhecer uma organização em todos os níveis – desde os mais superficiais até os mais ocultos e profundos, invisíveis a olho nu. Isso posto, diferentes modelos de diagnóstico podem ser usados em diferentes situações, dependendo dos desejos e das necessidades.

De modo geral, esses modelos seriam usados por profissionais de recursos humanos ou de desenvolvimento e mudança organizacional que trabalham internamente em uma empresa ou foram contratados como consultores para ajudar a descobrir as causas dos problemas e encontrar soluções para melhorá-los. Em ambos os casos, os modelos de diagnóstico fornecem ferramentas para dividir a organização em componentes e, assim, entendê-la de modo mais detalhado, bem como para visualizar melhor como todas as partes funcionam juntas.

Os modelos de diagnóstico podem ser abertos ou fechados. Modelos de sistema **aberto** sugerem que todos os componentes de uma organização estão inter-relacionados e que uma mudança em um componente gera um efeito em outros componentes. Os sistemas abertos assemelham-se à teoria de campo de Lewin, segundo a qual a totalidade dos fatos coexistentes são concebidos como mutuamente interdependentes. Relacionam-se, igualmente, ao princípio do efeito cumulativo de Myrdal (1939), que defende que, com elementos opostos, uma mudança em um deles acarreta modificações em outro, que, por sua vez, ocasiona ainda mais mudanças. Essas alterações podem ser sutis o suficiente para parecer estáveis, no que, em verdade, significa um estado de ajuste constante.

A maioria dos sistemas, no entanto, compreende muitos elementos inter-relacionados, tornando-os ainda mais complexos. Além disso, os modelos de sistemas abertos consideram o ambiente externo à organização e os efeitos nas decisões e mudanças. De fato, o ambiente externo em torno de uma organização gera um efeito sobre as entradas, as operações internas (estratégias, sistemas de recursos humanos, processos, entre outros) e as saídas organizacionais (produtos, anúncios etc.).

O diagnóstico de nível organizacional analisa a organização de um ponto de vista externo ou de alto nível, podendo adotar modelos mais detalhados e com foco no diagnóstico de grupo e individual.

> **Perguntas & respostas**
>
> **Qual é o modelo adotado pelo diagnóstico de nível organizacional?**
> O diagnóstico de nível organizacional segue o modelo de sistemas abertos, pois considera todas as partes da organização inter-relacionadas. Ainda, o meio ambiente desempenha um papel fundamental na empresa – principalmente no que diz respeito aos insumos.

Em qualquer diagnóstico, a cultura é um fator relevante, pois cria um padrão de suposições básicas compartilhadas por um grupo quando da resolução de problemas, bem como de adaptação externa e integração interna. Isso significa que a cultura pode ser ensinada aos novos membros como a maneira correta de perceber, pensar, sentir e agir diante de certos dilemas organizacionais. A cultura define um grupo e sua identidade, tornando-se sua base e sua força estabilizadora. O conceito de cultura implica estabilidade estrutural, profundidade, amplitude, padronização e integração. A cultura é delineada por pessoas de acordo com crenças, valores e comportamentos compartilhados por uma comunidade ao longo do tempo. A força de determinada cultura depende de seu tempo de existência, de sua consistência e estabilidade entre os membros e do nível de apego emocional e sentimental ligado a um rol de experiências.

Nesse sentido, trata-se de um fator-chave no processo de intervenção visto que, para que as iniciativas de mudança sejam bem-sucedidas, é um elemento importante nessa análise, pois, em última instância, suas características também podem ser alteradas. Cumpre ressaltar que muitos esforços para melhorar o desempenho organizacional falham porque a cultura fundamental da organização – valores, formas de pensar, estilos gerenciais, paradigmas, abordagens para resolução de problemas – se mantém inalterada. Assim, o entendimento da cultura organizacional pode conduzir ao sucesso do diagnóstico e suas intervenções decorrentes.

Portanto, para que qualquer mudança melhore o desempenho organizacional, as organizações têm de suportar mudanças culturais.

Normalmente, os diagnósticos organizacionais são realizados quando a liderança identifica problemas a serem corrigidos ou quando, ainda que o andamento esteja satisfatório, a gestão deseja continuar promovendo melhorias em seu desempenho. Em qualquer situação, existem dois conjuntos principais de problemas com os quais todos os grupos, independentemente de seu tamanho, devem lidar: (1) sobrevivência, crescimento e adaptação em seu ambiente; e (2) integração interna que permite o funcionamento diário e a capacidade de se adaptar e aprender.

Exercício resolvido

Cada organização deve buscar instrumentos que ampliem sua qualidade e ajudem os colaboradores no desempenho de suas ações, sempre buscando a eficácia. O diagnóstico organizacional é um instrumento com múltiplas finalidades. Entre elas, é correto afirmar que:

e) auxilia na contratação de pessoal.
f) ajuda na implementação de plano de carreira.
g) busca solucionar problemas de médio prazo, apenas.
h) visa ampliar o capital de giro.

Gabarito: b.

Entre outras finalidades, o diagnóstico organizacional pode contribuir para indicar quais carreiras são passíveis de integrar os planos de carreiras dentro de uma organização. Assim, de forma indireta, o diagnóstico auxilia no conhecimento dos recursos humanos, aprimorando-os.

2.3 Papel da organização

As funções de uma empresa são a base de um negócio de sucesso. O líder de uma organização tem como principal atribuição garantir que as responsabilidades de cada departamento e da entidade como um todo sejam bem-definidas. Por óbvio, os cargos disponíveis precisam ser preenchidos por funcionários adequados, que estejam aptos a assumir metas e eliminar possíveis ambiguidades no desempenho de sua tarefa (responsabilidade também compartilhada com o gestor). Cabe ao líder, desse modo, agrupar as atividades, esclarecer o poder e a autoridade de cada funcionário, bem como as responsabilidades atinentes às suas tarefas. Em outras palavras, organização não corresponde, simplesmente, a um grupo de pessoas trabalhando juntas por um objetivo comum. Esse grupo de pessoas reunidas em determinado lugar contribui com os esforços de certa gestão no alcance de um objetivo comum. Consequentemente, o gestor coordena diferentes atividades para administrar a empresa de forma eficiente a fim de que a meta seja alcançada.

O termo *organização*, assim como *gestão*, também foi definido sob vários vieses que o tomam ora como um processo, ora como uma estrutura de relacionamento, ora como um grupo de pessoas reunido, ora como um sistema dinâmico aberto, entre outras acepções.

Para Chiavenato (2006), *organização* é o processo de identificação e agrupamento do trabalho a ser executado, definindo e delegando responsabilidade e autoridade e estabelecendo relacionamentos com o propósito de permitir que as pessoas trabalhem juntas de forma mais eficaz na busca de certos objetivos. Em outros termos, trata-se de um instrumento usado para atingir os propósitos organizacionais, em conformidade com os quais são definidos o trabalho, a autoridade e a responsabilidade de cada colaborador.

Portanto, a organização interna é o quadro estrutural de deveres e responsabilidades exigidos do pessoal no desempenho das várias funções, sendo essencial, para tanto, traçar um plano de ação que resulte em um mecanismo de exercício da função a fim de se atingir os objetivos fixados pela direção da empresa. Para Chiavenato (2006), é um processo de fixação de deveres e responsabilidades de pessoas em uma empresa com o fito de alcançar as metas organizacionais.

Logo, o papel de uma organização está estruturado em um grupo de pessoas que se reúnem para atingir alguns objetivos comuns; juntas, elas sentem que podem atender às suas necessidades com mais eficácia. Em uma organização, as metas individuais são vencidas pelas metas do grupo e as metas do grupo são comprometidas com as metas organizacionais, de forma que o máximo benefício seja obtido usando os recursos disponíveis, ainda que limitados.

Uma organização é influenciada por muitos fatores externos – como política, economia do país e regras e regulamentos legais – e internos – planos, objetivos e políticas organizacionais. Os fatores internos podem ser controlados pela empresa; já os fatores externos ultrapassam seu espectro de controle. Assim, são requeridas da organização cautela e adaptabilidade constantes para que possa gerenciar com eficácia as diversas situações.

Diante disso, os componentes de um bom desempenho organizacional, podem ser listados em:

- **Identificação e divisão de trabalho**: O trabalho organizacional começa com uma identificação da extensão e da quantidade de trabalho que precisa ser feito, dividindo-o, posteriormente, em atividades gerenciáveis. A ideia é eliminar a duplicação de tarefas e compartilhar o fardo.
- **Departamentalização**: Após a divisão do trabalho em uma série de atividades gerenciáveis, o passo seguinte é agrupar as atividades de acordo com uma base predefinida. Trata-se de decidir quais atividades são semelhantes entre si, pois tarefas análogas são de responsabilidade de um mesmo departamento. Por isso, são definidos, ao todo, vários departamentos que se preocupam com seu próprio conjunto de atividades.
- **Atribuição de deveres**: A etapa posterior envolve a distribuição do trabalho entre os colaboradores. A responsabilidade de zelar pelo funcionamento de cada departamento é atribuída a um indivíduo, que deve distribuir, entre os funcionários de seu setor, o desempenho das tarefas. É importante perceber que essa atribuição de tarefas deve estar em consonância com as aptidões de cada colaborador. Isso garante uma correspondência adequada entre a capacidade e o tipo de trabalho do funcionário e, consequentemente, um desempenho geral eficaz.
- **Estabelecimento de relações de subordinação**: A etapa final se preocupa em erguer uma estrutura hierárquica e efetuar a comunicação entre os diversos departamentos, o que é alcançado por meio do estabelecimento de relações de subordinação. Efetivamente, isso significa que cada funcionário deve estar ciente sobre de quem receberá ordens e provar sua responsabilidade.

> **Perguntas & respostas**
>
> **A estrutura organizacional de uma empresa possibilita adaptações a novas mudanças?**
>
> Sim, a estrutura organizacional de uma empresa fomenta a adaptabilidade, isso porque, em razão da dinamicidade dos fatores internos e externos, a organização prevê a redefinição de papéis e a revisão dos inter-relacionamentos, cuja atitude proporciona estabilidade à empresa, para que continue crescendo e sobrevivendo em meio a mudanças mais ou menos drásticas.

Assim, é fundamental que a organização estabeleça relações de autoridade tanto vertical quanto horizontal. Afinal, cabe a ela coordenar as várias pessoas implicadas no negócio. Ademais, seu papel é combinar o trabalho que indivíduos ou grupos têm de realizar com as facilidades necessárias à sua execução, de modo que as funções desempenhadas proporcionem os melhores canais para a aplicação eficiente, sistemática, positiva e coordenada do esforço disponível, usando os recursos de forma eficiente. Assim, cabe a ela desempenhar uma série de funções para atingir seus objetivos, como a produção de bens a partir de matérias-primas e o transporte de mercadorias do local de produção para o mercado.

Em seu sentido mais amplo, *organização* refere-se à relação entre os vários fatores presentes em determinado empreendimento. A organização de uma fábrica, por exemplo, preocupa-se principalmente com os relacionamentos internos, como as responsabilidades de pessoal, o arranjo e o agrupamento de máquinas e o controle de materiais. Do ponto de vista da empresa como um todo, a organização é a relação estrutural entre seus vários fatores. Uma das principais funções de uma empresa, como sabemos, é a gestão. Trabalhadores, máquinas, materiais e dinheiro são fatores essenciais para qualquer negócio e a função organizadora coleta e coordena todos eles. Uma organização com um funcionamento adequado permite o bom andamento dos negócios no alcance de seus objetivos. A disponibilidade de fatores de produção depende da disponibilidade de financiamento. Portanto, toda empresa precisa de financiamento na garantia de seu sucesso. Desse modo, o capital necessário deve ser estimado, acumulado e utilizado de forma adequada ao porte e à natureza do negócio.

Organização é um ajuste harmonioso de setores que tem por objetivo a consecução de uma atividade única através de um método eficiente. Assim, também com base no que já viemos discutindo sobre o assunto, organização corresponde a um mecanismo desenvolvido pela administração com o intuito de unir os esforços dos colaboradores para atingir os objetivos traçados. Todavia, o papel da organização não se completa apenas com a produção de bens e serviços. Seu objetivo também é satisfazer os desejos humanos por meio do consumo de bens e serviços. O *marketing*, nesse sentido, ajuda a transferir bens e serviços do produtor ao consumidor final por meio das funções de concentração e dispersão, que incluem compra, venda, transporte, armazenamento, tomada de risco, informações de mercado etc.

A função de produção é igualmente determinante para o negócio, sendo conhecida como a conversão de matérias-primas em produtos acabados a fim de satisfazer os desejos humanos por meio da criação de utilidade, isto é, as matérias-primas e produtos semiacabados são processados e montados para uma finalidade. Consequentemente, a função seguinte concentra-se em criar e convencer os clientes da utilidade do produto para sua satisfação.

Por fim, cabe lembrar que as organizações são geradoras de emprego, afinal, todo negócio requer um número grande de mão de obra para realizar suas atividades. Portanto, sua função também se estende à resolução de altas taxas de desemprego, uma vez que pode proporcionar o máximo possível de oportunidades de trabalho. Diante disso, a organização desempenha um papel fundamental nas relações sociais já que sua finalidade é identificar necessidades e suprir demandas através de um trabalho elaborado e organizado, gerando, assim, compromisso com o desenvolvimento social.

2.4 Papel do pessoal

Os colaboradores que entendem suas funções têm maior probabilidade de desempenhar bem suas tarefas. Pensando nisso, os empreendedores que acreditam na definição e na divisão de responsabilidades geralmente deixam os organogramas disponíveis para seu pessoal a fim de que todos tenham uma imagem clara de sua atividade dentro da empresa. Assim, embora os ativos de uma organização possam ser diversos, dentro de uma grande corporação, o capital humano é o bem mais valioso.

Organização, como informamos anteriormente, corresponde a um conjunto de relacionamentos verticais e horizontais entre funcionários que executam tarefas organizacionais. A tarefa organizacional é dividida em unidades; os colaboradores de cada unidade (departamento) são responsáveis por atividades específicas e seu desempenho visa maximizar o bem-estar organizacional, bem como atender a objetivos individuais.

O relacionamento vertical consiste na estrutura autoridade--responsabilidade em diferentes níveis no mesmo departamento. Já os relacionamentos horizontais demonstram uma estrutura autoridade--responsabilidade no mesmo nível, mas em departamentos diferentes. Essa estrutura organizacional especifica a divisão do trabalho e mostra como diferentes funções ou atividades estão vinculadas; em certa medida, também evidencia o nível de especialização das atividades de trabalho, bem como indica a hierarquia coorporativa e a estrutura de autoridade em suas relações de subordinação.

Organizar essa dinâmica de funcionamento depende de estabelecer uma rede de relações (estrutura autoridade-responsabilidade) entre todos aqueles que fazem parte da organização, atuando em diferentes níveis e departamentos. A organização define as relações entre cargo e colaborador em seus níveis distintos, enfatizando as posições a serem ocupadas. Já os relacionamentos interpessoais são marcados por um processo que visa atingir as metas de forma eficiente. O papel das pessoas na organização, envolve:

- identificação do trabalho;
- agrupamento de trabalho em grupos menores;
- atribuição de trabalho a cada indivíduo em todos os níveis departamentais;
- definição de autoridade e responsabilidade; e
- estabelecimento de relações interpessoais para que todos contribuam para os objetivos organizacionais de forma integrada.

A estrutura e o processo organizacionais são conceitos interdependentes, uma vez que, definido o processo, a estrutura da organização corresponde aos resultados de métodos preestabelecidos. Portanto, organização é, na verdade, um processo estruturado e contínuo que define como atingir objetivos previamente delineados.

Cada organização tem um conjunto de princípios e políticas a serem seguidos por todos os funcionários (código de ética). As crenças, ideologias e práticas organizacionais formam a cultura da empresa, que contribui significativamente na fixação de sua imagem no mercado, o que pode torná-la distinta de seus concorrentes. Por isso, admite-se que os funcionários são os verdadeiros ativos de uma organização, pois são eles que contribuem efetivamente para seu bom funcionamento, esforçando-se para entregar seu melhor desempenho e atingir as metas designadas dentro do prazo estipulado. Assim, os funcionários atuam de forma ativa sobre a cultura do local de trabalho.

Exemplificando

Para entender como os funcionários afetam a cultura de trabalho, considere os casos A, B e C, descritos a seguir.

Organização A: Os funcionários não discutem as políticas organizacionais e comparecem ao trabalho apenas para manter seu emprego, ou seja, figura apenas como mera fonte de renda. Em tal cenário, as pessoas raramente se apegam à organização e, portanto, tendem a integrar o quadro funcional por um período muito curto.

Organização B: Os funcionários colaboram com a elaboração de regras e regulamentos organizacionais, aderindo às diretrizes estabelecidas. Os indivíduos se concentram em sua tarefa e procuram entregá-la bem antes do prazo. As pessoas não incitam fofocas e ficam sentadas em suas estações de trabalho a maior parte do tempo.

Organização C: É orientada para os homens, ou seja, os funcionários do sexo masculino ocupam posições de poder em relação ao sexo feminino. Frequentemente, os funcionários estendem o expediente a fim de terminar o trabalho pendente. Para que ninguém fique "para trás", cabe ao colaborador ajustar, de acordo com sua conveniência, seus horários de descanso intrajornada a fim de cumprir suas responsabilidades e, assim, contribuir com a cultura de trabalho local.

É de se notar que, em todas as situações anteriormente descritas, o estilo de trabalho e o comportamento dos funcionários formam a cultura local. O jeito de pensar e as premissas tomadas como verdadeiras pelos membros das organizações

Aspectos conceituais da gestão de carreira

fomentam suas atitudes. Um funcionário motivado e satisfeito promoveria um ambiente saudável se comparado a um funcionário desmotivado.

Logo, existem organizações nas quais os funcionários aceitam desafios de boa vontade e aprendem algo novo a cada dia. As funções e responsabilidades são delegadas de acordo com o interesse e a especialização do colaborador; assim, cada um se esforça para ter um desempenho cada vez melhor (também em comparação com seus colegas de trabalho). Essas organizações seguem uma cultura forte, pois os funcionários levam sua atividade a sério e cumprem as políticas. No entanto, em certas organizações, as demandas são impostas aos funcionários, ou seja, eles são forçados pela administração a cumprir suas tarefas. Os líderes de equipe são nomeados para monitorar o desempenho e cobrar resultados. Nesse caso, trata-se de uma organização com cultura fraca. Já algumas organizações têm funcionários que promovem uma competição saudável no local de trabalho. Essas empresas seguem uma cultura em que cada indivíduo se esforça para ganhar o apreço da administração. Funcionários desejosos de reconhecimento incentivam uma cultura positiva se comparados a indivíduos sem vontade de fazer contribuições. Já disputas constantes e desentendimentos levam à construção de um ambiente negativo.

Portanto, todos os sujeitos têm influência sobre o ambiente que se forma no local de trabalho, assim como os agentes de base. Os diretores, por exemplo, são colaboradores com responsabilidade legal para com a empresa, seus clientes, funcionários, fornecedores e acionistas. Entre os agentes de base, cabe destacar:

- Os **diretores** normalmente criam os planos de negócios.
- Os **conselheiros** integram o conselho porque têm conhecimento especializado em uma linha de negócio, ou porque têm experiência generalista ou, às vezes, mais importante, bons contatos.
- O **diretor administrativo** é a figura de proa da organização.
- Os **gerentes sêniores** tomam decisões de nível superior sobre a operação da empresa, as quais requerem análise detalhada e julgamento hábil.
- Os **gerentes intermediários** organizam e controlam os recursos de uma organização dentro das diretrizes estabelecidas.

- Os **gerentes** têm a função de organizar e controlar os recursos. Seu trabalho é frequentemente descrito como "fazer as coisas com ou por meio das pessoas".
- O **supervisor** geralmente preocupa-se com as atividades de supervisão de curto prazo, certificando-se de que os pedidos sejam entregues a tempo e garantindo que as pessoas e os recursos estejam de acordo com o preestabelecido. Eles costumam ser a espinha dorsal da organização, pois sabem como as coisas devem ser feitas ao nível do solo. Conjuntamente com os gerentes, trabalham para colocar os planos em ação no nível operacional, gerenciando os recursos do dia a dia e supervisionando sua equipe.
- Os **operadores** estão no nível do solo e seu trabalho é muito importante, visto que deve ser executado com cuidado e precisão.

As funções formais dos membros de uma organização geralmente são definidas em um organograma que estabelece a amplitude de controle em vários níveis. Os papéis informais que as pessoas desempenham são menos fáceis de mapear, mas também são relevantes, por isso não podem ser esquecidos.

Síntese

- A gestão é um conjunto de atos coordenados e sistematizados que visa atingir determinado fim com eficiência.
- A gestão de carreira pode ser compreendida como o ato que estrutura o processo de crescimento dos funcionários de uma organização.
- A implantação das carreiras deve levar em consideração questões específicas da organização e das categorias profissionais a que vai se direcionar.
- O diagnóstico das organizações é fundamental para que a empresa tenha sucesso e solidifique a gestão de carreiras.
- A organização desempenha um papel social fundamental.
- As pessoas são os recursos mais importantes em uma organização, devendo ser valorizadas.

3 Carreira ao longo do tempo

Conteúdos do capítulo

- O decorrer de uma carreira.
- Estágios de vida.
- Ciclo de carreira.

Após o estudo deste capítulo, você será capaz de:

- perceber o desenvolvimento da carreira ao longo do tempo;
- especificar os estágios da carreira;
- distinguir os elementos do ciclo da carreira.

Neste capítulo, estudaremos os aspectos que impulsionam a carreira ao longo do tempo. Esse é o momento de perceber as mudanças conceituais sofridas por essa categoria e verificar como tais modificações impactaram o desenvolvimento da carreira pessoal.

Assim, nosso intuito é perpassar pelo conceito de carreira em momentos distintos a fim de entender seu impacto na construção da cultura organizacional. Orientados por esse intento, aqui faremos um contraponto entre os estágios da vida e os ciclos da carreira.

3.1 Construção histórica das profissões

As raízes etimológicas da palavra *profissão* deixaram sua marca em todos os seus derivados. De origem latina, *professio*, seu significado original estava pautado em ações como "declarar" e "professar", ou seja, ligado à disposição de fazer uma declaração pública de algo importante – geralmente relativo a questões religiosas. Com o tempo, porém, seu significado se expandiu e incluiu declarações abertas que não fossem somente de cunho religioso. Assim, *profissão* passou a abranger práticas que exigem preparação intensiva e altos padrões de realização e que prestam um serviço público. Contudo, a passagem do tempo infligiu mais uma modificação: seu significado foi suavizado e seu uso tornou-se menos restritivo, adquirindo a noção que muitas pessoas assumem hoje: uma vocação principal ou emprego, em outras palavras, quase tudo que ocupa a maior parte do tempo.

No entanto, antes de chegarmos à contemporaneidade, retrocedamos algum tempo nessa história. No século XIII, a prática profissional era ligada às chamadas *corporações de ofícios*, ou seja, segmentos profissionais que apresentavam uma divisão técnica e social do trabalho. Assim foi durante o período nomeado *Baixa Idade Média*.

> **Para saber mais**
>
> Recomendamos assistir à aula disponível no *link* a seguir sobre as corporações de ofício, dedicada exclusivamente a explicar o modelo produtivo medieval e seus elementos constituintes.
>
> UNIVESP. **Administração Pública – Aula 02 – Corporações de Ofício – Modelo medieval de produção.** 21 jun. 2018. Disponível em: <https://bit.ly/3cos8cY>. Acesso em: 13 set. 2021.

No século XVI, o vocábulo *profissão* foi usado pela primeira vez para denotar as ocupações especiais da medicina, do direito, da religião e (às vezes) de militares. Essas eram as chamadas *profissões eruditas*. A despeito disso, grande parte da população usava o termo para se referir a tudo, desde barbearia à ferraria. Assim, em pelo menos um aspecto, permanecia alguma semelhança. No entanto, a busca por definir com exatidão *profissão* tem sido interesse de um considerável corpo de pesquisadores, que tentam, já há bastante tempo, caracterizar o que são as profissões e o desempenho dos profissionais.

Do ponto de vista desenvolvimentista, no século XVI, as profissões eram ocupadas por membros da classe privilegiada formados em universidades. Assim, uma profissão significava um posicionamento social garantido, quiçá, à segunda, à terceira e à quarta geração de aristocratas que, em uma sociedade comprometida com a primogenitura, era herdado pelo filho mais velho; ainda assim, os demais filhos, também prole da aristocracia, não deveriam trabalhar para viver, ou seja, não lhes era adequado submeter-se às vulgaridades do mercado.

Com o passar do tempo, o caráter das profissões de elite mudou. Com o início da Renascença e o desenvolvimento da classe média, um número crescente de pessoas, especialmente na Inglaterra, ingressou em ocupações que se assemelhavam às profissões dos "bem-nascidos". Consequentemente, os recém-chegados também queriam ser vistos como profissionais, e não somente comerciantes. Para atingir esse objetivo, foi necessário muito trabalho durante um longo tempo, pautado por uma organização eficaz. Os membros das pretensas profissões uniram-se para formar associações ou guildas, cuja função era garantir sua sobrevivência.

Já a modernidade foi caracterizada por estruturas universais, centralizadas, hierárquicas e estáticas de organizações, cultura instrumental, racional e de controle baseada em autoridade, profissionalismo, objetividade e método científico. No contexto da burocratização geral, o funcionário foi reduzido a instrumento tecnológico impessoal por meio do qual a organização alacançava seus objetivos. Nesse momento, as funções de um indivíduo podiam ser cientificamente medidas e otimizadas. A carreira foi tratada como um fenômeno dado e facilmente previsível. Relações industriais, tecnológicas e patriarcais dominaram a sociedade, fomentando crenças no progresso linear e otimista de futuro, em nível global, ou seja, tratava-se de um projeto universal.

A transformação das formas de pensamento e virtudes modernas em pós-modernas podem ser reveladas analisando-se o discurso sobre a própria organização. Mudanças ocorridas nas estruturas de gestão, hierarquias, prioridades, funções e o comportamento organizacional em geral servem de reflexo óbvio à desconfiança das virtudes características da cosmovisão modernista, o que ensejou a transição para o estágio pós-moderno.

Nos anos 1930, muitas definições de carreira foram propostas, cada uma capturando aspectos importantes de como as atividades de trabalho ajudam a formar um padrão de experiências que moldam os indivíduos e a maneira como são vistos pelos outros. Enquanto no passado as carreiras eram amplamente definidas em termos de uma sequência linear ascendente ou progressão de empregos de *status* superior, passou a ser cada vez mais reconhecido que as carreiras não seguiam estágios universais ou normativos, mas carregavam características individuais, fragmentados, multidirecionais e iterativas.

Assim, na contemporaneidade, há uma tendência crescente entre os indivíduos de definir sua carreira em termos de uma colcha de retalhos de experiências que lhes permitem alcançar um equilíbrio entre o trabalho e as preocupações familiares. Dito isso, a aprendizagem está no cerne das carreiras e noções contemporâneas já abraçaram a centralidade da aprendizagem e da experiência. No entanto, até o momento, não há acordo na literatura sobre uma definição comum de carreira.

Essa indefinição não apenas alterou a concepção individual de carreira, mas também as normas e sistemas de trabalho. Com a abrangência da diversidade da força de trabalho, incluindo maior representação de mulheres em todos os níveis organizacionais, bem como a expansão da terceirização e da atividade de meio período e trabalhadores temporários, as carreiras estão sendo definidas em termos amplos, com experiências de carreira agora abrangendo atividades e papéis vitais, como trabalho voluntário, períodos de atividade empreendedora e quebras de carreira para se envolver com responsabilidades familiares e de cuidado.

Esse foi o padrão para o desenvolvimento de profissões no Brasil. Construiu-se, assim, um mundo vocacional em que cada ocupação promissora lançou seu próprio processo para ganhar credibilidade no mercado. Quando uma ocupação teve sucesso em estabelecer sua legitimidade, ela gradualmente tornou-se conhecida e passou a ser nomeada *profissão*.

A diferenciação de uma profissão de outros grupos ocupacionais é um processo social complexo, pois requer que a sociedade confira um *status* social especial para determinado grupo profissional. Atribuir esse *status* envolve reconhecer um tipo de conhecimento especializado não prontamente disponível ao público em geral e obtido apenas por meio de educação prolongada. Também exige o reconhecimento de que o grupo tem uma responsabilidade especial de promover o interesse público e obedecer a um código de conduta ética. Mesmo depois que uma ocupação é reconhecida como uma profissão, o processo de amadurecimento continua.

Assim, do ponto de vista do desenvolvimento, uma profissão começa com a prática de um corpo de especialidades potencialmente distinto por um grupo de pessoas treinadas informalmente. A *expertise* é vista como um valor público. O conhecimento exigido de seus praticantes se expande com o tempo e, durante um longo intervalo gestacional, seus membros formam organizações que promovem seus interesses. Além disso, tais especialistas criam sistemas de educação, credenciamento e, eventualmente, licenciamento; ainda, trabalham para convencer o público de seu compromisso e honra e de sua capacidade de administrar problemas e manter colegialmente a disciplina. O processo é lento e desordenado, mas, para as ocupações que alcançam seu objetivo, o resultado é uma carreira gratificante que cumpre funções importantes e altamente valorizadas no interesse público.

As profissões são instituições sociais na medida em que prestam serviços em prol do bem comum. Em contrapartida, os profissionais recebem certo grau de poder e autonomia de seus padrões, como seus praticantes são treinados e admitidos para a prática e como o comportamento de seus membros é monitorado. Desde que a sociedade tenha confiança na boa vontade da profissão e acredite que atenda corretamente ao interesse público, esse arranjo é mutuamente vantajoso.

3.2 Mudanças emergentes na estrutura organizacional e nas atitudes do empregador

Os padrões de carreira de funcionários individuais têm sido revistos nos últimos anos. O antigo caminho de carreira linear e tradicional – segundo o qual a pessoa entrava em uma organização, trabalhava nela por muitos anos e subia de forma gradual e previsível, aposentando-se em um cargo de nível bastante alto – com certeza, nas próximas décadas, configurará caso excepcional.

Antes, um profissional só gerenciava com eficácia se, e somente se, tivesse uma imagem clara da tendência emergente e contínua no planejamento de carreira dos funcionários. Compreender as tendências emergentes nos padrões de carreira dos colaboradores ainda é essencial para quem atua na área de recursos humanos, porque, sem conhecer quais são as tendências de carreira mais recentes, é impossível avaliar os objetivos de carreira individuais e o estresse experimentado pelos funcionários em suas funções, bem como as mudanças emergentes na estrutura organizacional e nas atitudes do empregador. Nas últimas décadas, vários fatores obrigaram as organizações a se remodelarem, e os principais foram:

- reestruturação, achatamento da pirâmide, retardamento e redução de tamanho;
- mudança cultural e novas formas de trabalho;
- fusões, aquisições e criação de novas indústrias;
- empoderamento, responsabilidade e propriedade/partes interessadas;
- mudança e eficiência de processos que impulsionaram a terceirização e a consultoria;

- exigências e expectativas cada vez maiores por parte dos clientes;
- foco no cliente;
- contratos de curto prazo e portfólio de trabalho.

Em resposta a esses fatores, as organizações, muitas vezes, reduziram o número de funcionários permanentes em tempo integral; intensificaram a contratação de trabalhadores temporários; terceirizaram o trabalho; aumentaram as oportunidades de emprego a tempo parcial; e descartaram a estrutura da pirâmide em favor de estruturas organizacionais mais planas, o que os levou a reduzir o número de gerentes de nível básico e médio.

Em geral, a atitude do empregador perante os funcionários mudou, pois, em vez de prometer emprego vitalício em troca de serviço confiável, propõe segurança no emprego como recompensa à força de trabalho empregada para o sucesso do negócio. A reestruturação organizacional e as demissões em massa destruíram a confiança dos funcionários no empregador. Além disso, a redução de oportunidades de avanço vertical em organizações achatadas e o aumento da concorrência forçaram o funcionário moderno a se tornar mais versátil e a desenvolver alternativas ao modelo de carreira linear desatualizado.

Para a nova geração de profissionais, o sucesso na carreira inclui, com todas as mudanças ocorridas, objetivos que ultrapassam os domínios do prestígio social e dos altos salários (constituição de riqueza). Assim, os trabalhadores tendem a priorizar o desenvolvimento de suas habilidades, a autossatisfação, o equilíbrio entre vida profissional e pessoal e, claro, a autorrealização. O resultado é que, hoje, os funcionários, em vez de apenas seguir o modelo tradicional, optam entre mais três modelos de plano de carreira, que são:

1. **Plano de carreira de especialista:** Plano que recompensa o desenvolvimento de competências em uma área específica de atuação, sem a necessidade de ascensão a níveis gerenciais. Cargos sem responsabilidades gerenciais que incluem hierarquias de designações (estagiário, associado, júnior, sênior, entre outros) tornaram-se comuns em organizações que empregam trabalhadores com conhecimento especializado e transformaram forças de trabalho confiáveis e essenciais em forças de trabalho transitórias e altamente qualificadas.

2. **Plano de carreira em espiral**: Este plano permite que o funcionário faça uma série de movimentos laterais entre diferentes áreas funcionais dentro da mesma organização. O departamento de recursos humanos retém talentos desafiando continuamente os funcionários com novas tarefas e ampliando sua experiência, privando-os, ao mesmo tempo, de um rápido progresso hierárquico.

3. **Trajetória de carreira transitória**: Marca registrada do funcionário moderno, a trajetória de carreira transitória geralmente evolui de forma a não gerar dependência entre o funcionário e uma única organização. O trabalhador que assume uma carreira transitória geralmente constrói e mantém um portfólio de competências que lhe permite responder rapidamente às mudanças no mercado de trabalho. Ele entra e sai de organizações e ocupações em busca de melhores empregos, construindo um arsenal de competências nesse processo. Embora, do ponto de vista dos recursos humanos, a orientação e o planejamento de carreira sejam essenciais para funcionários temporários, esses trabalhadores raramente seguem um planejamento de carreira formal fornecido pelo empregador, pois eles tomam para si as decisões sobre o desenvolvimento de suas carreiras.

Todavia, pessoas em cargos de gestão ainda enfrentam a cultura prevalecente e desatualizada da hierarquização de carreira, cuja noção estabelece que a falta de movimento ascendente significa fracasso profissional. Contudo, como as metamorfoses ocorridas no seio das organizações reduziram as opções de planejamento de carreira linear, é crucial que os empregadores iniciem um planejamento criativo, de modo a empregar de forma eficaz os recursos humanos de sua empresa. O sucesso no setor de recursos humanos depende de uma combinação equilibrada de todas as quatro carreiras (linear, especialista, espiral e transitória), a fim de recrutar e reter habilidades e talentos e, assim, atender às necessidades do empregador e do colaborador.

Exercício resolvido

A carreira é um fator de influência desde os primórdios da humanidade. Ao longo dos anos, ela foi se alterando até chegar a seu modelo atual. Dessa forma, muitos foram os fatores que suscitaram modificações. Entre eles, podemos destacar:

a) a verticalização permanece como um dos aspectos mais relevantes no planejamento de carreira.
b) as organizações estão, cada vez mais, assumindo uma postura horizontal, em detrimento da verticalização.
c) entre os diversos impactos, a simplificação das demandas funcionais.
d) a inexistência, ainda hoje, de uma gestão estruturada.

Gabarito: b.

As organizações estão, cada vez mais, adotando uma postura horizontal, a qual prevê um enxugamento de cargos, o que não significa que os profissionais sejam menos capacitados; ao contrário, muitos apresentam um perfil de alta capacitação e flexibilização, sendo, por isso, englobados em um modelo de gestão estruturada.

3.3 Estágios da carreira

Em meio a um mundo globalizado, o planejamento e o desenvolvimento da carreira tornaram-se aspectos cada vez mais relevantes. Isso porque gerenciar a própria carreira com ferramentas que melhoram a empregabilidade é uma habilidade crítica que os funcionários têm de manejar em situações econômicas incertas.

Com o aumento da mobilidade de pessoas promovida pela intensa internacionalização, um amplo conjunto de oportunidades se abre para que os indivíduos desenvolvam suas carreiras de um novo modo. Eles têm a sua disposição opções cada vez mais diversicadas e escolhem de acordo com suas preocupações profissionais e pessoais ou familiares. Tais decisões atestam a crescente complexidade das carreiras individuais, que, antes, estavam salvaguardadas pelo tradicionalismo do "emprego vitalício" e da "segurança empregatícia". Entretanto, como essa realidade tem sido menos frequente, os funcionários devem estar alertas às mudanças nas condições de mercado e às novas tendências tecnológicas, bem como de força de trabalho solicitada.

Por sua vez, para as organizações, o desenvolvimento de carreira tem sido um tema relevante em razão da necessidade de identificar, desenvolver e reter talentos. Logo, as empresas estão valorizando a noção de carreira como veículo que oferece aos colaboradores um leque de oportunidades de aprendizagem e a perspectiva de adquirirem novas experiências. No entanto, é preciso admitir, algumas organizações falham nesse quesito. Nesses casos, as empresas muitas vezes imputam unicamente aos funcionários o desenvolvimento de suas carreiras, ou seja, não é feita nenhuma exigência por parte da organização. Esses empregadores adotam uma visão transacional dos contratos de trabalho; os funcionários são, assim, somente insumos em uma troca monetária, em lugar de serem considerados uma força de trabalho importante no desenvolvimento de uma carreira e da própria organização.

Como já defendemos aqui, o desenvolvimento de carreira é um processo contínuo que ocorre ao longo da vida e inclui experiências em casa, na escola e na comunidade. Existem cinco estágios de desenvolvimento de carreira pelos quais a maioria dos profissionais passa. Esses estágios incluem exploração, estabelecimento, meio, fim e declínio da carreira. Refere-se, portanto, às melhorias pessoais empreendidas no alcance de um plano de carreira pessoal. Cumpre lembrar que as carreiras correspondem a todos os empregos que os profissionais ocupam durante sua vida ativa no mercado de trabalho. Vejamos, a seguir, alguns tópicos que estão intrinsicamente ligados aos estágios de carreira ora mencionados.

- **Plano de carreira**: É o padrão sequencial de empregos que formam uma carreira.
- **Planejamento de carreira**: É o processo pelo qual se selecionam os objetivos de carreira e o caminho para alcançá-los.
- **Metas de carreira**: São as posições futuras que o profissional busca implementar em sua carreira.

Por fim, como sabemos, a gestão de carreira consiste em projetar e implementar metas, planos e estratégias para permitir que a organização satisfaça suas necessidades e, ao mesmo tempo, que os indivíduos alcancem seus objetivos, sabendo que, muito provavelmente, percorrerão todos os estágios necessários a seu crescimento, chegando, no final, ao declínio. Nas próximas seções, detalharemos os cinco estágios e suas respectivas tarefas.

3.3.1 Estágios da vida vocacional

A maneira como as pessoas viam as carreiras décadas atrás já sofreu alterações significativas. A competição acirrada, a desaceleração econômica, a globalização, entre outros fenômenos, fomentaram aquisições, fusões e consolidações organizacionais, bem como o estabelecimento de dupla carreira e terceirização, fatores responsáveis pela mudança de percepção dos indivíduos sobre seu modo de trabalho.

Atualmente, em países como a Índia, a maioria dos profissionais, ao contrário do que ocorria no passado, não está confinada a uma organização que garanta seu movimento ascendente. Eles reinventam sua força de trabalho passando por diversas empresas, mudando não apenas de local de trabalho, mas também, se necessário, de setor profissional. Hoje, os trabalhadores garantem a seus empregadores que podem dar o melhor de si para a organização, mas, em troca, esperam um desenvolvimento de carreira acelerado.

As teorias do desenvolvimento reconhecem as mudanças pelas quais as pessoas passam à medida que amadurecem e escolhem uma profissão para estruturar suas carreiras. Essas teorias geralmente dividem a vida profissional em estágios e se propõem a especificar os comportamentos vocacionais típicos em cada qual.

Nos anos 1950, quando Donald Super (1910-1994) formulou suas concepções teóricas, a **psicologia diferencial** e a **teoria traços-fatores** permearam o aconselhamento vocacional. O pressuposto dominante era que habilidades e interesses diferentes determinavam a escolha ocupacional e o consequente sucesso profissional. Logo, o aconselhamento vocacional era visto principalmente como um processo que ajudava os indivíduos a combinar suas habilidades e outras características com as exigências de ocupações acessíveis. Ao aplicar o modelo de correspondência, os profissionais de orientação vocacional auxiliavam seus clientes a escolher a vocação "certa", ou seja, adequada ou congruente às habilidades, aos interesses e aos traços de personalidade de um indivíduo.

Super e Bohn Júnior (1975) reconhecem a valiosa contribuição da teoria dos traços-fatores e do modelo de correspondência para a teoria vocacional e a prática de orientação; por outro lado, eles também ressaltam a estaticidade e a insuficiência desses elementos em explicar as complexidades do comportamento vocacional. Esses autores defendem que a escolha ocupacional consiste em um processo de desdobramento, não uma decisão pontual. Com essa visão, eles complementam a abordagem de traço-fator construindo uma teoria de carreira abrangente em que (1) o desenvolvimento da carreira é entendido como um processo ao longo da vida que se desdobra em uma série de estágios de desenvolvimento e (2) a seleção de carreira não é uma tomada de decisão, mas o resultado cumulativo de uma série de decisões.

Em suas tentativas de moldar uma teoria de carreira abrangente na década de 1950 até meados da década de 1990, Super e Bohn Júnior (1975) adicionaram à abordagem tradicional da diferença individual para orientação vocacional com três perspectivas, quais sejam:

1. **Perspectiva de desenvolvimento**, a qual abrange o curso de vida do comportamento vocacional, enfatizando a continuidade no desenvolvimento de carreira.
2. **Perspectiva fenomenológica**, centralizada no autoconceito de desenvolvimento da carreira de um indivíduo.
3. **Perspectiva contextual**, sobre a importância dos múltiplos papéis sociais e sua interação ao longo da vida.

Diferentemente da noção de orientação vocacional tradicional, que se concentrava na escolha de e na previsão do sucesso nessa área em algum momento posterior, Super e Bohn Júnior (1975) enfatizaram a necessidade de compreender e prever uma carreira. Esta, segundo os autores, corresponde a uma sequência de ocupações, empregos e posições alçadas ao longo da vida, incluindo atividades pré e pós-vocacionais. Logo, para eles, o que realmente faltava na orientação profissional era um modelo de carreira que considerasse a sequência de cargos que um indivíduo ocupa durante sua vida profissional.

O interesse em compreender as carreiras levou Super e Bohn Júnior (1975) a examinarem os padrões de carreira dos indivíduos, uma vez que retratam um aspecto do desenvolvimento vocacional – a sequência de mudanças no nível ocupacional e no campo e atuação durante certo período.

Embora o indivíduo esteja inicialmente "assegurado" pelo nível socioeconômico dos pais, os padrões também são determinados por suas habilidades, seus traços de personalidade e as oportunidades a que estão expostos. A análise dos padrões de carreira apoiou a visão de que o ciclo de vida impõe diferentes tarefas vocacionais às pessoas ao longo de sua história. Baseando-se no trabalho de psicólogos e sociólogos do desenvolvimento que estudaram independentemente os estágios da vida e do trabalho, Super e Bohn Júnior (1975), juntamente de outros colegas acadêmicos, delinearam cinco estágios principais de desenvolvimento de carreira, cada um caracterizado por três ou quatro tarefas de desenvolvimento apropriadas, são eles:

1. crescimento;
2. exploração;
3. estabelecimento;
4. manutenção; e
5. desligamento.

O **crescimento** (entre 4 e 13 anos) é o primeiro estágio da vida, período em que as crianças desenvolvem suas capacidades, atitudes, interesses, socializam suas necessidades e formam uma compreensão geral do mundo do trabalho. Esse estágio inclui quatro tarefas principais de desenvolvimento de carreira:

1. preocupar-se com o futuro;
2. aumentar o controle pessoal sobre a própria vida;
3. convencer-se a ter sucesso na escola e no trabalho; e
4. adquirir hábitos e atitudes de trabalho competentes.

A **exploração** (entre 14 e 24 anos) é a fase em que os indivíduos buscam compreender a si próprios e encontrar seu lugar no mundo do trabalho. Por meio de aulas, experiência de trabalho e *hobbies*, os sujeitos tentam identificar seus interesses e capacidades e descobrir como se encaixam em várias ocupações. Nesse momento, fazem escolhas ocupacionais provisórias e, eventualmente, obtêm uma ocupação. Esse estágio envolve três tarefas de desenvolvimento de carreira:

1. cristalização de uma preferência de carreira, que corresponde ao ato de desenvolver e planejar uma tentativa de meta vocacional;

2. especificação de uma preferência de carreira, que significa converter preferências generalizadas em uma escolha específica, um objetivo profissional firme; e
3. implementação de uma preferência de carreira com vistas a completar o treinamento apropriado e garantir uma posição na ocupação escolhida.

O **estabelecimento** (entre 25 e 44 anos) é a etapa em que o indivíduo, tendo conquistado uma posição adequada na área de trabalho escolhida, se esforça para assegurar a posição inicial e buscar oportunidades de avanço adicional. Esse estágio envolve três tarefas de desenvolvimento, quais sejam:

1. estabilizar ou garantir um lugar na organização, adaptando-se aos requisitos da empresa e desempenhando as funções de maneira satisfatória;
2. consolidar sua posição manifestando atitudes de trabalho positivas e hábitos produtivos, com uma construção favorável de relações de trabalho; e
3. obter o avanço para novos níveis de responsabilidade.

A **manutenção** (entre 45 e 65 anos) consiste num período de ajuste contínuo, que inclui sobretudo tarefas de desenvolvimento de carreira, abrangendo:

1. manter-se atualizado e buscar inovações;
2. esforçar-se para assegurar o que já foi conquistado, sendo importante atualizar as competências e encontrar formas inovadoras de cumprir a rotina de trabalho;
3. buscar novos desafios, mas geralmente pouco terreno novo é desbravado nesse período.

O **desligamento** (acima de 65 anos) é o estágio final, o qual corresponde à transição para fora do mundo do trabalho. Nesse momento, os indivíduos encontram as seguintes tarefas:

1. desaceleração do desenvolvimento profissional;
2. planejamento da aposentadoria; e
3. programação das atividades a serem aproveitadas durante esse período.

Com a diminuição da energia e do interesse por uma ocupação, os indivíduos gradualmente se desligam de suas atividades ocupacionais e se concentram no planejamento da aposentadoria. No devido tempo, eles fazem essa transição para a condição de aposentado, enfrentando os desafios de organizar novos padrões de vida.

Assim, esse modelo de carreira delineado por Super e Bohn Júnior (1975) demarca os estágios com limites de idade e marcadores de tarefa. Originalmente, os estágios eram organizados de maneira cronológica, mas depois viu-se que correspondiam a etapas independentemente da idade, visto que o centro das atenções estava na tarefa. Por exemplo, indivíduos que embarcam em uma nova carreira na meia-idade podem vivenciar estágios de exploração e estabelecimento. Logo, nem todos passam por esses estágios em idades fixas. Essa noção conduz ao construto da maturidade profissional (primordialmente denominado *estágio inicial*), que denota a prontidão do indivíduo para tomar decisões profissionais. Operacionalmente, é definido como a extensão em que o sujeito concluiu tarefas de desenvolvimento de carreira adequadas ao estágio, em comparação com outras pessoas da mesma idade.

Essa construção e suas respectivas medidas foram analisadas por meio de cinco dimensões primárias de maturidade vocacional:

1. planejamento ou consciência da necessidade de planejar;
2. prontidão para explorar;
3. competência informativa (compreendendo conhecimento sobre trabalho, ocupações e funções de carreira na vida);
4. habilidades de tomada de decisão; e
5. orientação para a realidade.

Logo, um jovem deve ser maduro o suficiente para se beneficiar de uma avaliação de carreira e aconselhamento. Para adultos, em que a reciclagem ao longo dos estágios da carreira depende menos da idade, Super e Bohn Júnior (1975) sugeriram que a prontidão para a tomada de decisões corresponde ao que se chama *adaptabilidade de carreira*.

Definições atuais sobre o comportamento vocacional incorporam a perspectiva de que os indivíduos baseiam sua decisão de carreira em crenças sobre suas próprias habilidades e atributos. A escolha da carreira, sob esse viés, é vista como um processo de implementação de autoconceitos;

o papel desempenhado pelo trabalhador é entendido como uma manifestação da individualidade; e o desenvolvimento da carreira é considerado um processo ativo de melhoria da correspondência entre o autoconceito e o ambiente ocupacional.

O **autoconceito** consiste na maneira como a pessoa se enxerga. Por exemplo, uma jovem pode acreditar que é brilhante e criativa, autoconfiante, de comportamento espontâneo e sem vontade de assumir responsabilidades. Essa combinação de crenças sobre suas próprias habilidades, suas características e seus valores constituem seu autoconceito, fenômeno subjetivo ou aparência pautada na experiência.

O autoconceito é central para a compreensão do comportamento de uma pessoa, sendo produto da interação de características físicas, fisiológicas e psíquicas de um indivíduo, como sua composição neural e endócrina, seu desempenho em vários papéis sociais e suas reações aos diversos resultados que lhe atravessam. A formação do autoconceito começa na infância, quando um senso de identidade está em desenvolvimento. À medida que o sujeito cresce, ele cria uma imagem pessoal de suas próprias habilidades, traços de personalidade, valores e papéis. Em seguida, compara essa imagem subjetiva de si mesmo com o que aprende sobre as ocupações do mundo e, então, busca traduzir seu autoconceito em uma perspectiva ocupacional. O resultado é o **autoconceito ocupacional**, ou seja, uma constelação de autoatributos que são vocacionalmente reservantes para o indivíduo. Assim, ele pode eventualmente se transformar em uma preferência vocacional, posto que o processo de desenvolvimento de carreira também pode auxiliar os sujeitos a aceitar e fortalecer seus autoconceitos ocupacionais.

Desse modo, o processo de escolha e desenvolvimento de carreira é basicamente o de desenvolver e implementar um autoconceito. O grau de satisfação que os indivíduos obtêm com a função de trabalho é, segundo Super e Bohn Júnior (1975), proporcional ao grau de sucesso em seus esforços para implementar conceitos próprios. Esse esforço, entretanto, requer um ajuste pessoal contínuo, pois os autoconceitos se desenvolvem e mudam ao longo da vida profissional, bem como os ambientes onde se desenvolvem a vida privada ou laboral, o que também torna a escolha e o ajuste de carreira um processo contínuo.

O trabalho, embora de importância central para muitas culturas, é apenas um entre muitos papéis de vida que um indivíduo interpreta. Nenhuma das funções pode ser devidamente compreendida quando desconsideradas as demais que completam o todo. Nesse sentido, como o trabalho é um modo de vida, o ajuste vocacional satisfatório só é possível quando a natureza do trabalho e o modo de vida complementam as aptidões, os interesses e os valores do indivíduo.

O espaço vital, por sua vez, é tomado como um conjunto de funções sociais organizadas em um padrão de papéis centrais e periféricos. As pessoas desempenham uma variedade de papéis durante sua vida, desde crianças; de estudantes passam a trabalhadores ativos e, depois, a aposentados, por exemplo. Em alguns estágios, vale ressaltar, são desempenhados diferentes papéis simultaneamente (por exemplo, o de trabalhador(a), cônjuge, pai/mãe e cidadão), e essa característica constitui a estrutura de vida de um indivíduo. No entanto, geralmente duas ou três funções são relativamente mais importantes do que outras. Os papéis vitais salientes constituem o núcleo de uma pessoa, sendo fundamentais para sua identidade e satisfação com a vida.

O fato de que as pessoas desempenham vários papéis simultâneos significa que há interação entre eles, de modo que impactem uns aos outros. A interação entre as funções pode ser de suporte, suplementar, compensatória ou neutra, bem como conflitante, caso alguma função absorva muito tempo e energia disponíveis. Na verdade, para a maioria das pessoas, a interpenetração de diferentes esferas da vida é inevitável.

Apesar desses fatores, os teóricos do desenvolvimento de carreira tendem a ignorar uma das condições mais básicas da vida – enquanto as pessoas estão ocupadas "ganhando a vida", elas já estão vivendo uma vida. O resultado é que muitos teóricos descrevem o desenvolvimento da carreira como se ocorresse isoladamente do desenvolvimento humano. Isolar os papéis vitais cria um cenário falso que não reflete a vida das pessoas. As intervenções na carreira, se advindas de cenários falsos, têm utilidade limitada, pois os indivíduos deixam o aconselhamento de carreira e tentam implementar suas decisões relacionadas ao trabalho dentro de uma complexa teia de atividades de papéis vitais. Assim, quando os conselheiros de carreira ignoram as múltiplas funções dos sujeitos, também ignoram o fato de que podem interagir de forma suplementar, complementar ou conflitante.

Tais papéis podem enriquecer ou sobrecarregar a vida. Super e Bohn Júnior (1975) observaram que, para cada pessoa, os ensinamentos sociais, constitutivos de uma vida, são organizados em um padrão de papéis centrais e periféricos. Esse padrão é definido como estrutura vital, isto é, a estrutura de vida organiza e canaliza o engajamento da pessoa na sociedade. Para compreender a carreira de um indivíduo, é importante conhecer e avaliar a teia de papéis da vida desempenhados por ele e suas preocupações com a carreira.

Para Dutra (1996), o desenvolvimento da carreira é dividido em cinco estágios distintos:

1. Fase exploratória.
2. Etapa de estabelecimento da carreira.
3. Fase do meio da carreira.
4. Fase da carreira final.
5. Fase de recusa.

A **fase exploratória** equivale à transição da faculdade para o trabalho, ou seja, é o momento imediatamente anterior à contratação. Geralmente acontece quando a pessoa tem aproximadamente 20 anos. Corresponde a um estágio de autoexploração e de escolhas preliminares.

A **etapa de estabelecimento** é o momento da carreira que envolve conseguir o primeiro emprego. Portanto, durante esse estágio, é provável que o indivíduo cometa erros, tendo a oportunidade de aprender com essa experiência e, posteriormente, assumir responsabilidades maiores. Nessa etapa, são aceitos os desafios do trabalho e desenvolvidas competências na área de especulação. É um período de intenso emprego da criatividade e o profissional costuma mudar para uma nova área depois de 3 a 5 anos.

Durante a **fase do meio da carreira**, embora alguns funcionários possam atingir seus objetivos já no estágio inicial (denominados "*escaladores*") e, com isso, alçar níveis maiores, alguns apenas mantêm seu desempenho, pois, apesar de não serem muito ambiciosos, são competentes naquilo que fazem. Durante essa fase, o colaborador procura se atualizar tecnicamente e desenvolve competências de *coaching*, por exemplo.

A **fase da carreira final** costuma ser agradável, pois o colaborador não é saturado por novos aprendizados nem almeja melhorar seu desempenho em relação aos anos anteriores. Ele aproveita sua reputação de estadista idoso, podendo migrar para um papel de consultor, por exemplo, de modo a identificar e desenvolver sucessores. Ainda, é comum que inicie atividades fora da organização.

Por fim, a **fase de recusa**, por ser a fase final da carreira, termina com a aposentadoria do colaborador, após acumular décadas de serviço repleto de conquistas contínuas e histórias de sucesso. Como tal, é vista como uma fase difícil de ser vivenciada.

Agora, cabe esclarecer quais são os seis estágios do desenvolvimento de carreira moderno:

1. avaliação;
2. investigação;
3. preparação;
4. compromisso;
5. retenção; e
6. transição.

A etapa de **avaliação** é o momento de se preparar para o trabalho. Esse estágio é caracterizado pela inconsciência, pois as certezas sobre valores, pontos fortes e fracos ainda são frágeis para o indivíduo. Ele começa a sentir que quer saber mais sobre si mesmo e faz um esforço consciente para entrar em contato com quem realmente é (ou deseja ser). As principais características desse estágio são a obtenção de instrumentos de avaliação e o trabalho com um conselheiro ou *coach* de carreira.

Na fase de **investigação**, o indivíduo anseia pesquisar os tipos de trabalho que existem no mundo, o que suscita sentimentos de confusão, tendo em vista as múltiplas opções de carreira disponíveis. É comum, ao iniciar o processo de pesquisa sobre o mundo moderno do trabalho, se sentir sobrecarregado pelo grande número de oportunidades. Contudo, essa etapa mostra possibilidades talvez nunca antes consideradas. As principais características desse estágio são pesquisar o mundo do trabalho e conduzir entrevistas informativas com pessoas da área escolhida.

Já na **preparação**, como o próprio nome sugere, o sujeito se prepara para realizar determinado trabalho. Essa etapa envolve sentimentos de excitação, ao se pensar em como será maravilhoso desempenhar uma função significativa. No entanto, ainda há muito trabalho a ser feito e, para se obter sucesso, é preciso se instruir e instrumentalizar. Essa fase é caracterizada pela aquisição de conhecimento e experiência e estabelecimento de metas, além da adoção de uma mentalidade orientada para o sucesso

No estágio de **compromisso**, o indivíduo está seguro de sua escolha e sente-se mais confiante. Nessa fase, ele deve concentrar sua energia e manter seu foco em seu objetivo-alvo. As principais características desse estágio são a procura de emprego e a negociação e aceitação de uma oferta de trabalho.

Na etapa de **retenção**, o profissional está confortável em seu campo de carreira, pois já descobriu como as coisas funcionam em seu setor. Assim, seu desafio é permanecer comprometido com sua carreira, atualizando continuamente seu conjunto de habilidades e investigando novas tendências para o setor. Esse estágio é caracterizado por fornecer habilidades de atendimento ao cliente de primeira classe e construir uma rede profissional.

A fase de **transição** suscita sentimentos de desconforto pois, novamente, são vivenciadas dúvidas sobre as atividades a serem executadas na sequência (até mesmo se haverá contentamento nessa nova etapa). É nesse estágio que se aprende a fazer mudanças conscientes na direção da carreira.

À medida que os indivíduos acumulam experiências de trabalho, seu amadurecimento acompanha um modelo biológico de crescimento e decadência. A progressão de um ponto inicial até um ponto final é tipicamente uma ocorrência natural na vida profissional de toda pessoa.

Exercício resolvido

O ciclo da carreira não pode ser compreendido como um conceito estático, uma vez que vários elementos podem implicar uma reformulação significativa de sua noção. Sobre o estágio de transição, assinale a alternativa correta.

    a) Predomina o sentimento de contentamento.
    b) O empregado é tomado por uma sensação de desconforto.

c) Surgem as primeiras ansiedades.
d) Busca-se o equilíbrio organizacional.

Gabarito: b.

O estágio de transição é marcado pela dúvida e pelo descontentamento decorrentes de uma sensação de desconforto com mudanças em curso.

3.4 Ciclo organizacional

Historiadores e acadêmicos observaram que as organizações, como os organismos vivos, têm ciclos de vida. Elas nascem (são estabelecidas ou formadas), crescem e se desenvolvem, atingem a maturidade, começam a declinar e envelhecem, e, finalmente, em muitos casos, morrem.

O estudo do ciclo de vida organizacional (CVO) resultou em vários modelos preditivos. Esses modelos, que têm sido objeto de considerável discussão acadêmica, estão vinculados ao estudo do crescimento e desenvolvimento organizacional. As organizações, em qualquer estágio do CVO, são afetadas por circunstâncias ambientais externas e internas. Nesse sentido, os produtos também têm ciclos de vida, um fato há muito reconhecido por especialistas em *marketing* e vendas.

Assim, quando se analisa a vida útil de uma organização empresarial, os padrões podem ser previstos, sendo caracterizados por estágios de desenvolvimento. Esses estágios tendem a ser sequenciais, apresentando uma progressão hierárquica que não é facilmente revertida; além disso, envolvem uma ampla gama de atividades e estruturas organizacionais. O número de estágios do CVO identificados por um profissional em particular pode variar: para alguns estudiosos, um CVO pode apresentar até dez estágios; para outros, apenas três.

Muitos estudiosos de negócios e gestão aludiram, no início do século XX, aos estágios de desenvolvimento, mas o trabalho de Mason Haire, em 1959, é reconhecido como um dos primeiros estudos que adota um modelo biológico para analisar o crescimento organizacional, argumentando que o crescimento e o desenvolvimento seguiriam uma sequência regular (Haire, 1996). Os estudos sobre o CVO intensificaram--se no decênio seguinte e, nas décadas de 1970 e 1980, já estava bem estabelecido como um componente-chave do crescimento organizacional geral.

O CVO tem em sua premissa a ideia de que requisitos, oportunidades e ameaças, tanto dentro quanto fora da empresa de negócios, variam dependendo do estágio de desenvolvimento em que a organização se encontra. Por exemplo, as ameaças no momento inicial diferem daquelas no estágio de maturidade. Conforme a empresa avança nos estágios de desenvolvimento, mudanças na natureza e no número de requisitos, oportunidades e ameaças exercem pressão para mudanças nos negócios.

As organizações passam de um estágio para outro porque o ajuste entre a organização e seu ambiente é tão inadequado que a eficiência e/ou eficácia da organização é seriamente prejudicada, podendo, até mesmo, ameaçar sua sobrevivência. Segundo a prescrição do modelo CVO, os gerentes da empresa devem mudar os objetivos, as estratégias e os dispositivos de implementação de estratégia com o fito de se adequar ao novo conjunto de questões. Assim, os diferentes estágios do CVO exigem alterações de objetivos, estratégias, processos gerenciais (planejamento, organização, pessoal, direção, controle), tecnologia, cultura e tomada de decisão da empresa. Há cinco estágios de crescimento observáveis: (1) nascimento, (2) crescimento, (3) maturidade, (4) declínio e (5) renascimento.

Ao nascer, as empresas exibem uma estrutura organizacional muito simples, com autoridade centralizada no topo da hierarquia. À medida que as empresas crescem, adaptam estruturas mais sofisticadas e autoridade descentralizada para gerentes de nível médio e inferior. Na maturidade, as empresas demonstram preocupação significativamente maior com a eficiência interna e instalam mais mecanismos e processos de controle.

É possível classificar os CVOs em cinco fases de crescimento: (1) criatividade; (2) direção; (3) delegação; (4) coordenação; e (5) colaboração. Cada um desses abrange uma fase evolutiva (períodos prolongados de desenvolvimento em que nenhuma grande reviravolta ocorre nas práticas da organização) e uma fase revolucionária (momento de turbulência substancial na vida organizacional). A fase evolutiva pode durar de 4 a 8 anos. No final de cada um dos cinco estágios de crescimento, pode ocorrer uma crise organizacional e a capacidade da empresa de lidar com essa situação pode determinar seu futuro. A seguir, detalhamos cada fase e suas características.

- **Criatividade:** O crescimento por meio da criatividade, se não realizado com adequação, pode levar a uma crise de liderança. Práticas de gestão mais sofisticadas e formalizadas devem ser adotadas nesse momento. Se os fundadores não podem ou não querem assumir essa responsabilidade, é preciso contratar alguém para tanto.
- **Direção:** O crescimento inicial por meio da direção, se errôneo, tende a resultar em uma crise de autonomia. Os gerentes de nível inferior devem receber autonomia para que a organização continue a crescer. A crise envolve a relutância dos gerentes de alto nível em delegar essa autoridade.
- **Delegação:** O crescimento por meio da delegação, se efetuado inadequadamente, pode gerar uma crise de controle. Isso ocorre quando funcionários autônomos, que preferem operar sem interferência do restante da organização, se chocam com proprietários e gestores de negócios que percebem que estão perdendo o controle de uma empresa diversificada.
- **Coordenação:** O crescimento por meio da coordenação pode, se não realizado com adequação, engendrar uma crise burocrática. Técnicas de coordenação como grupos de produtos, processos formais de planejamento e equipe corporativa tornam-se, com o tempo, um sistema burocrático que causa atrasos na tomada de decisões e uma redução na inovação.
- **Colaboração:** O crescimento inicial por meio da colaboração é caracterizado pelo uso de equipes, redução do quadro de funcionários corporativos, estruturas do tipo matricial, simplificação dos sistemas formais, aumento das conferências e programas educacionais e sistemas de informação mais sofisticados. Ainda que se não tenha delineado formalmente uma crise para essa fase, ela pode se revelar em saturação psicológica dos funcionários que ficam emocional e fisicamente exaustos pela intensidade do trabalho em equipe e pela forte pressão por soluções inovadoras.

Já os empreendedores que estão envolvidos nos estágios iniciais da criação das empresas não têm de se preocupar com as questões do CVO de declínio e dissolução. Na verdade, suas preocupações concentram-se em áreas como obtenção de financiamento, estabelecimento de relacionamentos com fornecedores e clientes, preparação de um local físico para operações de negócios e outros aspectos implicados no início do negócio e que são essenciais para estabelecer e manter a viabilidade empresarial. Basicamente, essas empresas estão preocupadas quase exclusivamente com o primeiro estágio do CVO.

De fato, muitos exames recentes dos CVOs analisaram como as empresas podem prolongar os estágios desejados (crescimento e maturidade) e evitar os estágios negativos (declínio e morte). Certamente, não existe um cronograma que dite a uma empresa quando poderá falhar. Como cada organização estabelece seu próprio ritmo, as características, mais do que a idade, definem as etapas do ciclo. Proprietários de pequenas empresas e outros líderes de organizações podem explorar uma variedade de opções projetadas para influenciar o CVO – de novos produtos a novos mercados ou novas filosofias de gestão. Afinal, uma vez que alguma organização entra em declínio, não é inevitável seu fracasso final, pois muitas empresas são capazes de reverter essa situação e transformar a curva de sino CVO em uma curva S. No entanto, os empreendedores e gerentes devem reconhecer que seu negócio está alocado em algum lugar do CVO e que o sucesso do negócio geralmente se baseia nesse reconhecimento e posteriores medidas voltadas à adoção de estratégias mais adequadas tendo em vista determinada posição no ciclo.

Dito de outra forma, as organizações são sistemas sociais, isto é, correspondem a grupos de pessoas organizadas em torno de propósitos comuns. Suas atividades incluem práticas recorrentes, como planejamento estratégico, planejamento de negócios, desenvolvimento de produtos e serviços, *marketing*, gestão financeira e avaliações. Cada atividade geralmente apresenta o esclarecimento formal ou informal das metas quanto a sua execução e avaliação a fim de que se faça o ajuste das atividades de modo que sejam ainda mais eficazes e eficientes no alcance dessas metas. Os sistemas sociais podem centralizar sua atenção na organização, nas equipes, nos produtos ou serviços ou, ainda, em determinada atividade. Os próprios indivíduos são sistemas que precisam de um propósito e atividades claros para trabalhar continuamente com vistas aos objetivos preestabelecidos.

Os sistemas sociais passam por CVOs comuns, que vão desde o início do crescimento à maturidade. Como sabemos, à medida que os indivíduos amadurecem, eles começam a entender mais sobre o mundo e sobre si mesmos. Com o tempo, desenvolvem certo tipo de sabedoria que os ajuda a superar muitos dos desafios da vida e do trabalho. Eles aprendem a planejar e a usar certa disciplina para levar a cabo esses planos. Aprendem, ainda, as técnicas de controle emocional, por exemplo. Nesse intervalo já passaram pelas fases de infância, adolescência e início da vida adulta, que são caracterizadas por um crescimento muito rápido. A maior preocupação, durante essas fases, é garantir sua subsistência: comer, buscar abrigo e dormir. No início, inclusive, muitas pessoas tendem a tomar decisões impulsivas e altamente reativas com base no que está acontecendo ao seu redor naquele momento.

Assim, frequentemente, os fundadores da organização e seus vários membros têm de fazer o que os permita sobreviver. Muitos líderes, em situações como essa, tomam decisões altamente reativas e imediatas, temendo uma suposta perda de tempo. Todavia, gestores experientes aprendem a reconhecer o CVO particular pelo qual um sistema está passando. Esses líderes entendem a natureza dos problemas enfrentados em cada ciclo. Essa compreensão lhes dá um senso de perspectiva e os ajuda a decidir como responder às decisões e aos problemas no local de trabalho e até mesmo em suas vidas particulares.

Vale ressaltar que os sistemas que não evoluem com frequência ficam estagnados ou declinam entre os estágios. Os sintomas podem ser prioridades pouco claras, papéis ainda opacos, frustrações e conflitos crescentes e colaboradores sendo desligados da organização. Se não houver compreensão do CVO, tais entraves dificilmente serão resolvidos.

Ao discernir o estágio específico em que um sistema se encontra, sabe-se a natureza de suas atividades atuais. Por exemplo, se as atividades são, em sua maioria, não planejadas, altamente reativas e as decisões são tomadas principalmente por certas personalidades, essa organização está operando em estágio inicial. Os ciclos de vida dos sistemas sociais são importantes para verificar se tem havido um número crescente de estruturas e modelos de CVOs.

Trazemos, aqui, um modelo simples de CVO. Nesse exemplo, o foco é o sistema social de toda a organização. Antes, porém, cabe apontar que alguns planejadores de sistemas consideram que existe um estágio adicional de declínio após o estágio de maturidade. Nele se reconhece que nem todos os sistemas devem existir para sempre, o que ajuda os planejadores a não estagnarem em determinado estágio, por exemplo, de maturidade, a fim de garantir que o sistema não "falhe". A seguir, especificamos alguns pontos a serem observados em cada momento.

RECURSOS DE INICIALIZAÇÃO

- Tem uma visão e um propósito atraentes e estimulantes.
- As pessoas são motivadas por líderes empolgantes e carismáticos.
- A placa tende a ser prática (funcional).
- As pessoas são recrutadas porque estão entusiasmadas e querem contribuir.
- As pessoas participam sempre que sentem que são necessárias.
- As decisões costumam ser reativas e espontâneas. Planos, se desenvolvidos, muitas vezes não são implementados.
- Recursos (dinheiro, instalações etc.) são continuamente procurados, às vezes em situações de crise.
- Confusão ocasional, frustração e conflitos na identificação de quem está fazendo o quê, como e quando.
- As pessoas começam a falar sobre a necessidade de mais planejamento e procedimentos.
- Se houver grande resistência à mudança, as crises aumentam, ocasionando, por exemplo, falta de dinheiro, conflitos e saída de pessoas.

PRIORIDADES NA FASE DE CRESCIMENTO

- O foco está no fortalecimento dos sistemas internos para apoiar o crescimento, enquanto expande serviços e mercados.
- Os líderes estão concentrados em gerenciar mudanças e propor novas ideias.
- O conselho evolui para políticas com foco contínuo em planos e participação total.
- Diferentes departamentos e equipes são devidamente coordenados tendo em vista sua eficiência.

- O planejamento é regular, sistemático e focado em objetivos, funções e prazos.
- O progresso é monitorado regularmente para *status*, aprendizagem e melhoria contínua.
- Atividades regulares e rotineiras são processadas para confiabilidade e eficiência.
- Sistemas internos são desenvolvidos para obter recursos de forma sistemática, com base em planos.
- As práticas de gestão de desempenho são focadas no pessoal e na organização.

Prioridades no estágio de maturidade

- É preciso manter o ímpeto e a renovação, especialmente para evitar o entrincheiramento na burocracia.
- O foco também está na criatividade e na inovação – às vezes até mesmo para iniciar novos empreendimentos, que incitam novos ciclos de vida.
- As prioridades de gestão são especialmente o planejamento de sucessão e a gestão de risco.
- Mais aprendizagem é compartilhada com outras pessoas e organizações.
- Os líderes buscam duplicar com sucesso seu modelo de negócios em outro lugar.
- As pessoas participam de um planejamento de longo prazo, por exemplo, de 3 a 5 anos.
- A prioridade continua a ser a gestão da mudança e da transformação.
- Algumas organizações consideram encerrar a organização se sua visão for alcançada.

As atividades de planejamento, desenvolvimento, implementação, avaliação e, em seguida, ajuste dos planos para cada produto e serviço é um conjunto essencialmente sistemático de atividades recorrentes, correspondente, portanto, a um sistema que apresenta, assim como os demais, um CVO. As fases do sistema podem ser descritas pelo diagrama simples de fases, constante no exemplo ora mencionado.

Desse modo, gerentes de produto experientes entendem os estágios de desenvolvimento de um produto ou serviço típico e sabem quais são as características comuns de cada estágio. Assim, eles sabem quais prioridades devem ser abordadas para aprimorar o produto ou serviço até sua maturidade. Entendem, portanto, os problemas que podem ocorrer se a etapa seguinte não for alcançada.

Exercício resolvido

O CVO é um elemento importante em razão de sua premissa e prescrição. A premissa diz respeito aos requisitos, às oportunidades e às ameaças, tanto dentro quanto fora da empresa de negócios. Os CVOs estão diretamente ligados aos estágios dos indivíduos dentro de uma organização. Sobre a chamada *primeira fase* é correto afirmar que:

a) há uma crise de liderança.
b) o exercício da liderança ocorre de forma plena.
c) as técnicas de gestão são pouco sofisticadas.
d) há pouca formalidade técnica.

Gabarito: a.

A primeira fase do ciclo é marcada pelo crescimento por meio da criatividade e pode levar a uma crise de liderança. Assim, práticas de gestão mais sofisticadas e formalizadas devem ser adotadas.

Síntese

- As carreiras foram se desenvolvendo ao longo do tempo e se aprimorando para atender às necessidades específicas de cada realidade social.
- Ao longo do tempo, o trabalho foi tornando-se cada vez mais especializado e direcionado a atividades específicas.
- A implantação das carreiras deve considerar questões específicas da organização e das categorias profissionais a que vai se direcionar.
- As características e os atributos exigidos a uma carreira gerencial estão mudando com a evolução da estrutura organizacional.
- Com base na análise das tendências organizacionais, bem como em entrevistas e inquérito por questionário, é possível identificar o *mix* de competências necessárias para uma carreira de sucesso nas organizações empresariais do futuro.

4 Tipos de carreira

Conteúdos do capítulo

- Tipos de carreira.
- Carreira tradicional.
- Carreira linear.
- Carreira proteana.

Após o estudo deste capítulo, você será capaz de:

- identificar os tipos de carreira;
- organizar os elementos definidores da carreira tradicional;
- versar sobre a carreira em escala;
- caracterizar a carreira proteana.

Neste capítulo, identificaremos os diferentes tipos de carreira. Além disso, proporemos uma reflexão sobre como reter os talentos em uma organização por meio de um conjunto de instrumentos que visam estimular os indivíduos em suas profissões de modo a colaborar de forma mais eficaz para o sucesso organizacional.

Como sabemos, ao longo do tempo, as carreiras foram sofrendo alterações. Atualmente, existem as carreiras tradicionais, lineares e proteanas, e cada qual serve a certas atividades e objetivos organizacionais, a depender da realidade em pauta. É sobre essa realidade que discorreremos neste capítulo.

4.1 Noções gerais sobre as teorias do desenvolvimento de carreira

Iniciemos esta seção rediscutindo a noção de *carreira*, que pode apresentar duas definições. Primeiramente, o termo é usado com frequência para se referir a uma profissão, ocupação, ofício ou vocação. Uma carreira pode definir aquilo que o indivíduo faz para viver e que vai desde ocupações que requerem treinamento e educação extensivos até aquelas realizadas sem apoio intelectual especializado, mas que exigem vontade de aprender/fazer. Uma carreira pode significar trabalhar como médico, advogado, professor, carpinteiro, assistente veterinário, eletricista, caixa ou cabeleireiro.

Contudo, *carreira* também se refere ao progresso e às ações realizadas ao longo dos anos de trabalho, especialmente no que concerne à ocupação. Assim, é composta de diferentes empregos desempenhados, pelos títulos conquistados e pelo trabalho realizado durante certo período. Sob esse viés, uma carreira guarda relação com tudo aquilo que diz respeito ao desenvolvimento profissional, incluindo a escolha da profissão e possíveis promoções. Uma única carreira pode abranger uma variedade de caminhos diferentes, uma vez que os empregos não necessariamente têm de estar relacionados entre si. Uma ocupação, por sua vez, envolve avançar no mesmo ofício, quer o trabalho seja executado na mesma organização, quer isso ocorra em diferentes estabelecimentos.

No final do século XX, uma ampla gama de variações (especialmente de profissões potenciais) e uma ampliação do processo de qualificação permitiram planejar (ou projetar) uma carreira. Nesse aspecto, alguns pesquisadores se dedicaram a estudar o avanço e o comportamento das carreiras em determinada sociedade. No início do século XXI, emergiram as chamadas *carreiras duplas* ou *múltiplas, sequenciais, simultâneas*, as quais hifenizam ou hibridizam as identidades profissionais, refletindo uma mudança na ética do trabalho.

A fim de compreender os tipos de carreiras e seus comportamentos, as teorias do desenvolvimento de carreira estudam os caminhos para melhorar o crescimento profissional, a trajetória de carreira e a satisfação geral no trabalho. Nesse sentido, defende-se que compreender o desenvolvimento de carreira é um grande passo para que o indivíduo determine seus valores essenciais, seus pontos fortes e fracos e o caminho que deseja seguir.

Embora existam divergências no campo das teorias do desenvolvimento de carreira, é comum assumir a importância de cultivar uma relação emocional positiva com o trabalho e desenvolver ambições profissionais significativas. As teorias do desenvolvimento de carreira estudam os planos de carreira, seu comportamento e possível sucesso, cujo objetivo é explicar por que um indivíduo é mais adequado para determinada carreira e orientar sobre como atingir uma trajetória promissora. Essas teorias também se concentram na identificação de estágios de carreira comuns quanto à intervenção educacional, orientação vocacional formal etc.

As teorias do desenvolvimento de carreira são formuladas por quatro áreas principais:

1. psicologia diferencial;
2. estudos de personalidade;
3. estudos de sociologia; e
4. psicologia do desenvolvimento.

Nas subseções a seguir, perpassaremos por algumas das teorias que explicam a escolha pelo tipo de carreira.

4.1.1 Teoria do traço-fator de Frank Parsons

A teoria do traço-fator de Frank Parsons envolve três ações. Primeiro, examina-se os traços de personalidade da pessoa cuja carreira está sendo planejada. Em segundo, é preciso realizar um inventário dos traços de caráter do trabalho. Em terceiro, faz-se necessário avaliar a tomada de decisão ocupacional (Parsons, 2014).

Frank Parsons é considerado o fundador do movimento de orientação vocacional. Ele desenvolveu a abordagem de correspondência de talentos, que mais tarde foi descrita na sua teoria do traço-fator da escolha ocupacional. No centro da teoria de Parsons está o conceito de **correspondência**.

Esse autor afirma que a tomada de decisão ocupacional ocorre quando as pessoas alcançam:

- compreensão precisa de suas características individuais (aptidões, interesses, habilidades pessoais);
- conhecimento de empregos e do mercado de trabalho;
- julgamento racional e objetivo sobre a relação entre suas características individuais e o mercado de trabalho.

A teoria do traço-fator opera sob a premissa de que é possível medir tanto os talentos individuais quanto os atributos exigidos em determinados empregos. Também pressupõe que as pessoas possam ter uma ocupação adequada. Parsons (2014) sugere que, quando os indivíduos estão em empregos mais adequados às suas habilidades, eles têm um desempenho melhor e sua produtividade é mais alta.

O aconselhamento pessoal, de acordo com Parsons (2014), é fundamental para a busca da carreira. Em particular, o autor observa sete elementos para um conselheiro de carreira trabalhar com os colaboradores organizacionais:

1. **Dados pessoais**: É preciso criar um relato dos fatos-chave sobre o indivíduo, lembrando-se de incluir todas as situações que tenham relação com o problema vocacional.
2. **Autoanálise**: Autoexame realizado de forma privada e sob a orientação do conselheiro. Todas as tendências e os interesses que possam impactar na escolha de uma obra de vida devem ser registrados.

3. **Escolha e decisão do próprio cliente:** Tais elementos podem se manifestar nas duas primeiras etapas. O conselheiro deve estar ciente de que a escolha da vocação deve ser feita pelo cliente, cabendo-lhe ser seu guia.
4. **Análise do conselheiro:** O conselheiro testa a decisão do cliente para ver se está de acordo com a "busca principal".
5. **Perspectiva na área profissional:** O conselheiro deve estar familiarizado com conhecimentos industriais, como listas e classificações de indústrias e vocações, além de locais de treinamento e estágios.
6. **Indução e conselho:** É essencial que o conselheiro adote uma atitude de mente aberta aliada a um raciocínio lógico e claro.
7. **Auxílio geral:** O conselheiro ajuda o cliente a se enquadrar no trabalho escolhido e a refletir sobre sua decisão.

Parsons (2014), embora não seja isento de críticas, orienta o aconselhamento de carreira e pressupõe certo grau de estabilidade no mercado de trabalho. No entanto, na realidade atual de volatilidade do mercado, os indivíduos devem estar preparados para mudar e se adaptar a novas circunstâncias. Contudo, a teoria do traço-fator é largamente usada em uma série de testes de aptidão, incluindo Kuder Career Search (KCS); testes de aptidão diferencial (TAD); e testes de aptidão geral (AG).

As bases conceituais da teoria de traço-fator se sustentam sobre a ideia de que a escolha da carreira pode ser facilitada e os resultados otimizados por meio de um processo bastante direto de combinar as características mais marcantes para o trabalho mais relevante a depender das habilidades, interesses, valores etc. de um indivíduo, em conjunto com informações sobre atividades, demandas, recompensas e disponibilidade.

O processo de aconselhamento, nessa abordagem, normalmente começa com uma entrevista com o interessado; prossegue para uma avaliação psicométrica extensa das características relevantes em seu trabalho; e é finalizado com uma interpretação dos resultados da avaliação com conexões sendo traçadas entre esses resultados e um ou mais sistemas de classificação ocupacional.

O aconselhamento de traços-fatores pressupõe que, tendo recebido informações precisas sobre si mesmo e seus empregos, os sujeitos têm mais subsídios para realizar uma escolha racional de carreira.

A utilização prática dessa teoria foi amplamente criticada em várias frentes. Seus críticos mais severos rotularam o aconselhamento de traços--fatores como "teste e conte" e "três sessões e uma nuvem de poeira". Como a avaliação e a interpretação exigem altos níveis de experiência e contribuição do conselheiro, o diferencial de conhecimento e poder entre o conselheiro e o cliente tende a ser destacado. Isso levou alguns estudos de carreira a argumentar que as abordagens dos traços-fatores são muito prescritivas e diretivas.

Um entendimento fundamental dos modelos de traço-fator é que, dadas boas informações, os indivíduos podem tomar decisões racionais que lhes sejam benéficas. Consequentemente, grande parte do esforço de aconselhamento visa fornecer aos clientes informações objetivas sobre si mesmos e seus empregos.

Em resposta, os críticos apontam que as abordagens de traço-fator colocam ênfase indevida no teste, ignoram os processos de aconselhamento e representam técnicas em vez de pautar a teoria. Outra crítica importante ao aconselhamento de traço-fatores recai sobre a noção de que, dadas boas informações, os indivíduos tomem decisões racionais. Os críticos argumentam que as decisões também são influenciadas por fatores como considerações afetivas, a história pessoal e as opiniões alheias.

Apesar de todas essas críticas, o aconselhamento de traços-fatores foi e continua a ser amplamente influente. Em parte, isso se deve ao rigor científico que foi dedicado ao desenvolvimento de sistemas de instrumentação e classificação ocupacional. Ademais, mesmo no final de um processo de aconselhamento de carreira bem-pensado e instigante, muitas vezes ainda há uma necessidade de colher informações objetivas e validadas sobre a expectativa de se encaixar em certas ocupações de maior interesse.

Modelos de ajuste pessoa-ambiente, como a teoria de Holland sobre personalidades vocacionais e ambientes de trabalho e a teoria de ajuste no trabalho, representam a evolução do aconselhamento de traços-fatores. Isso significa que suas raízes relativamente não teóricas são, depois de amadurecidas, convertidas em teorias dinâmicas de escolha e ajuste de carreira.

4.1.2 Teoria da escolha vocacional de Holland

A teoria dos tipos vocacionais de Holland foca a personalidade como o principal fator na escolha e no desenvolvimento de carreira. John L. Holland (1997) desenvolveu sua teoria com base na ideia de que a escolha da carreira está calcada na personalidade. Ele considera que a satisfação profissional de uma pessoa está estreitamente ligada às semelhanças entre sua personalidade e o ambiente de trabalho. Para esse autor, a maioria dos indivíduos apresenta um dos seis tipos de personalidade modal descritos a seguir.

1. **Realista (R) ou realizador**: Perfil do indivíduo que tende a resolver problemas pelo viés da ação, em detrimento do debate. Sujeitos realistas estão interessados em trabalhos que exijam habilidade e força. Líderes e treinadores, por exemplo, encaixam-se nesse tipo de personalidade.
2. **Investigativo (I) ou pensador**: Característico de pessoas que gostam de trabalhar com informações. Os investigativos tendem a executar suas tarefas isoladamente. Atuários, advogados e médicos mostram personalidade do tipo investigativa.
3. **Artístico (A) ou criador**: Qualidade dos indivíduos criativos, inventivos e, normalmente, mais conscientes emocionalmente que os demais. Os profissionais artísticos também apresentam uma característica de independência, mas gostam de trabalhar com outras pessoas. Designers gráficos, escritores e músicos são exemplos da personalidade artística.
4. **Social (S) ou ajudante**: Perfil das pessoas que gostam de ensinar ou ajudar os outros. Os sujeitos sociais valorizam trabalhar em conjunto e criar relacionamentos. Professores, conselheiros e profissionais de recursos humanos ilustram esse tipo de personalidade.
5. **Empreendedor (E) ou persuasivo**: Caráter dos indivíduos que preferem lidar com pessoas e informações, sobretudo com empreendedores com certo *status* de valor e segurança. Empresários, corretores da bolsa e vendedores encaixam-se no tipo de personalidade empreendedora.
6. **Convencional (C) ou organizador**: Essas pessoas gostam de regras e regulamentos. Assim como os empreendedores, valorizam o *status*. No entanto, não aprovam trabalhos pouco claros ou mal-estruturados.

Planejadores financeiros e economistas são exemplos de personalidade convencional.

Ressaltamos que essa é uma das teorias de desenvolvimento de carreira mais pesquisadas e aplicadas. Com base na premissa de que fatores de personalidade fundamentam as escolhas de carreira, essa teoria postula que as pessoas projetam visões de si mesmas e do mundo do trabalho nos títulos ocupacionais e tomam decisões de carreira que satisfaçam suas preferências pessoais. A teoria incorpora vários construtos da psicologia da personalidade, comportamento vocacional e psicologia social, incluindo a teoria da autopercepção e estereótipos sociais.

As aplicações da teoria da escolha vocacional de Holland (1997) envolvem avaliar os indivíduos em termos de dois ou três tipos de personalidade proeminentes e, em seguida, combinar os respectivos tipos com os aspectos ambientais das carreiras potenciais. A teoria prevê que, quanto maior o grau de congruência entre as características individuais e ocupacionais, melhor será o potencial para resultados positivos relacionados à carreira, incluindo satisfação, persistência e realização.

A tipologia inerente à teoria de Holland (1997) organiza os dados volumosos sobre indivíduos em diferentes empregos e seus respectivos ambientes de trabalho a fim de investigar como as pessoas fazem escolhas vocacionais e explicar como ocorrem a satisfação no trabalho e a realização profissional. Os seis ambientes ocupacionais modais correspondem aos seis tipos de personalidade modais, ou seja, à sigla RIASEC. Cada ambiente é dominado por um tipo de personalidade e é tipificado por ambientes físicos que apresentam circunstâncias especiais.

De maneira geral, as pessoas procuram ambientes que lhes permitam exercer suas habilidades e aptidões, expressar suas atitudes e seus valores e, ainda, onde possam assumir papéis agradáveis. O comportamento de um indivíduo é determinado pela interação entre sua personalidade e as características do ambiente. Com base em seu padrão de personalidade e no padrão do ambiente, alguns resultados de tal emparelhamento podem, em princípio, ser previstos por meio do conhecimento dos tipos de personalidade e modelos ambientais. Esses resultados incluem escolha de vocação, mudanças de emprego, realização profissional, competência pessoal e comportamento educacional e social.

Para Holland (1997), existe um grau de congruência (ou concordância) entre uma pessoa e uma ocupação (ambiente) que pode ser estimado por um modelo hexagonal. Quanto menor a distância entre o tipo de personalidade e o tipo ocupacional, mais próximo será o relacionamento. No hexágono, os tipos adjacentes são mais consistentes ou têm interesses, disposições pessoais ou deveres de trabalho compatíveis; já os tipos opostos são mais inconsistentes ou combinam características pessoais ou funções de trabalho que geralmente não estão relacionadas. O grau de diferenciação de uma pessoa ou ambiente modifica as previsões feitas a partir da tipologia do indivíduo, do código ocupacional ou da interação entre ambos.

Os profissionais de desenvolvimento de carreira que usam a teoria da escolha profissional de Holland (1997) geralmente avaliam os perfis de interesse dos indivíduos a partir de três perspectivas principais: (1) coerência, (2) consistência e (3) diferenciação. O autor sustenta que esses fatores se correlacionam com a clareza e o enfoque das personalidades vocacionais dos indivíduos. Uma análise de um perfil sob essa perspectiva costuma ser um prelúdio para a subsequente aplicação da teoria por um profissional de desenvolvimento de carreira, que envolve a tradução do perfil de um indivíduo em alternativas ocupacionais para consideração posterior. Fontes impressas ou digitais podem ser utilizadas para facilitar este último processo.

A **coerência** está relacionada ao grau de conformidade dos códigos de Holland (1997) com as aspirações vocacionais ou devaneios ocupacionais de um indivíduo e os temas ocupacionais definidos pelo autor (RIASEC: realístico, investigativo, artístico, social, empreendedor e convencional). O conceito de **consistência** envolve a análise da proximidade dos dois tipos dominantes de Holland (1997) no esquema hexagonal. Os tipos adjacentes (por exemplo, social e empreendedor) refletem alta consistência de interesse; tipos opostos (por exemplo, artístico e convencional) são de baixa consistência. O conceito de **diferenciação** está relacionado à variação entre os tipos mais altos e mais baixos de um indivíduo, normalmente calculada subtraindo-se as pontuações da escala extrema avaliadas por uma medida como a pesquisa dirigida.

O principal uso da teoria de Holland (1997) sobre a escolha vocacional pelos profissionais de desenvolvimento de carreira refere-se a orientar os clientes para o mundo do trabalho, fornecendo-lhes um meio sistemático para a exploração da carreira e, em última análise, facilitando sua tomada de decisão e planejamento da carreira.

Parte da corrente de autores que estuda os aspectos da carreira consideram os princípios básicos da teoria pragmáticos e fáceis de entender. Além disso, muitos recursos relacionados à carreira incorporam a teoria de Holland (1997), isso porque os fatores por ele postulados, além de sua longevidade, base substancial de pesquisa e renome entre os profissionais de desenvolvimento de carreira, contribuíram para a popularidade e a utilidade da teoria. Um local de trabalho complexo, cheio de decisões conhecidas ou desconhecidas, incertezas pessoais, entre outros fatores incontroláveis representam preocupações assustadoras para muitas pessoas que enfrentam decisões de carreira. Ao impor ordem e estrutura, a teoria de Holland (1997) oferece um meio de ajudar conselheiros e clientes a tomarem decisões de carreira promissoras. Nessa ótica, o conhecimento de um método comprovado e prático para facilitar o processo pode ser fortalecedor. A pesquisa da teoria e as bases aplicadas, aliadas a sua estrutura e a processos sistemáticos inerentes, oferecem segurança aos indivíduos à medida que eles adquirem um melhor entendimento de si mesmos e de suas opções.

Como todas as teorias, a desenvolvida por e Holland teve seus detratores. Desafios recentes à aplicabilidade da teoria incluem afirmações de que a pesquisa não estabeleceu uma ligação forte entre congruência e resultados, como satisfação e desempenho. Para essa parcela de estudiosos, a teoria de Holland (1997) apresenta limitações que incluem problemas inerentes às teorias dos traços-fatores, incluindo a possibilidade de que as pessoas se transformem e alterem, por conseguinte, seus ambientes. Obviamente, os traços ocupacionais e individuais que a teoria propõe combinar são variáveis e estão sujeitos a modificações. Se uma pessoa estiver insatisfeita com seu trabalho como examinador de sinistros de seguro, por exemplo, ela tem a opção de alterar características do trabalho sem alterar seu título. Os ocupantes de cargos sem realização profissional, muitas vezes iniciam esses esforços antes de procurarem um emprego ou mudanças ocupacionais.

A teoria da escolha vocacional de Holland (1997) é um marco entre o pensamento dos profissionais contemporâneos de desenvolvimento de carreira sobre o mundo do trabalho e os métodos de promoção dos objetivos de carreira dos clientes. É também uma das teorias de escolha profissional mais amplamente pesquisadas e aplicadas. Sua longevidade e apelo provavelmente estão relacionados a sua parcimônia, a sua validação por meio de dezenas de estudos de pesquisa e à disponibilidade de vários recursos que facilitam a implementação da teoria. Os desafios à validade da teoria, sem dúvida, se repetirão, e sua viabilidade contínua repousará em sua capacidade de assegurar a seus consumidores principais, profissionais de desenvolvimento de carreira, o atendimento aos padrões confiáveis de orientação de carreira.

4.1.3 Teoria social cognitiva de Bandura

A teoria social cognitiva (TSC), desenvolvida por Albert Bandura, defende que os motivos e os comportamentos de um indivíduo são baseados na experiência. Essas experiências podem ser divididas, de acordo com Bandura e Azzi (2017), em três categorias principais:

1. Uma pessoa é influenciada pela autoeficácia ou por aquilo que ela acredita que pode alcançar.
2. Uma pessoa é influenciada pelo que vê outras pessoas realizarem e pelas ações que tomam.
3. Uma pessoa é influenciada por fatores ao seu redor os quais ela não pode controlar.

Derivada da teoria da aprendizagem social (TAS), formulada na década de 1960 por Albert Bandura, a TSC surgiu em 1986, postulando que a aprendizagem ocorre em um contexto social com interação dinâmica e recíproca, no qual aliam-se ambiente e comportamento.

A TSC enfatiza a influência e o reforço social externo e interno cujas considerações dizem respeito à forma como os indivíduos adquirem e mantêm seu comportamento e, ao mesmo tempo, como isso ocorre no interior de determinado ambiente social. A teoria abrange experiências passadas do indivíduo, pois são influenciadoras de reforços e expectativas, podendo determinar, assim, a ação comportamental.

Muitas teorias do comportamento que são usadas na promoção da saúde não consideram a manutenção do próprio comportamento, mas focam em sua iniciação, o que é lamentável, pois a manutenção do comportamento, e não apenas a iniciação, é o verdadeiro objetivo da saúde pública.

Logo, o objetivo do TSC é explicar como as pessoas regulam seu comportamento por meio de controle e reforço a fim de alcançar uma ação direcionada a uma meta e que possa ser mantida ao longo do tempo. Para tanto, Bandura e Azzi (2017) elencam seis construtos (vale mencionar que os cinco primeiros foram reaproveitados da TAS, sendo a eficácia, último construto, adicionada posteriormente, com o desenvolvimento da TSC).

1. **Determinismo recíproco:** Esse é o conceito central da TSC. Corresponde à interação dinâmica e recíproca da pessoa (indivíduo com um conjunto de experiências aprendidas) com o ambiente (contexto social externo) e seu comportamento (respostas a estímulos para atingir objetivos).
2. **Capacidade comportamental:** Refere-se à capacidade real de uma pessoa realizar um comportamento valendo-se de conhecimentos e habilidades essenciais. Para executar um comportamento com sucesso, ela deve saber o que e como fazer. Os indivíduos aprendem com as consequências de seu comportamento, o que também afeta o ambiente no qual vivem.
3. **Aprendizagem observacional:** Consiste na possibilidade de as pessoas observarem um comportamento realizado por outras e, em seguida, reproduzir essas ações. Geralmente, isso ocorre por meio da "modelagem" de comportamentos. Se os indivíduos virem uma demonstração bem-sucedida de um comportamento, também podem concluí-lo com sucesso.
4. **Reforços:** Concerne às respostas internas ou externas ao comportamento de uma pessoa que afetam a probabilidade de continuar ou interromper suas ações. Os reforços podem ser autoiniciados ou ambientais ou, ainda, positivos ou negativos. Essa é a construção da TSC mais estreita com a relação recíproca entre comportamento e ambiente.
5. **Expectativas:** Diz respeito às consequências previstas do comportamento de uma pessoa. As expectativas de resultados podem estar (ou não) relacionadas à saúde. As pessoas vislumbram as consequências de suas ações antes de se envolverem no comportamento, e essas consequências antecipadas podem influenciar a conclusão bem-sucedida do

comportamento. As expectativas derivam, em grande parte, de experiências anteriores, mas, ainda assim, elas se concentram no valor atribuído ao resultado e na subjetividade inerente.

6. **Autoeficácia:** Concerne ao nível de confiança de uma pessoa em sua capacidade de executar um comportamento com sucesso. A autoeficácia é uma novidade proposta na TSC e se tornou um construto posteriormente adotado por outras teorias, como a do comportamento planejado. A autoeficácia é influenciada pelas capacidades específicas do indivíduo, entre outros fatores individuais e ambientais (facilitadores ou complicadores).

No desenvolvimento de carreira, a TSC ajuda a explicar como uma pessoa pode estabelecer seu plano de desenvolvimento de carreira para o sucesso. Por meio de uma visão positiva de suas próprias habilidades e do cerco de uma rede positiva de mentores, o indivíduo tem uma melhor chance de alcançar seus objetivos de carreira.

A estrutura para essa teoria é chamada de *modelo triádico recíproco de vítimas de Bandura*, segundo o qual a produção de um indivíduo é baseada em uma mistura de características pessoais, comportamentos e ações de outrem e fatores externos.

4.1.4 Teoria do autoconceito desenvolvimentista de Super

Donald Super construiu sua teoria do desenvolvimento com base na ideia de que a visão de si mesmo sofre modificações. O tempo e a experiência ajudam a definir a maneira como uma pessoa valoriza sua carreira e suas metas. Essa teoria entende a "carreira" como um componente que atua durante toda a vida de um indivíduo. Uma das maiores contribuições desse autor para o desenvolvimento da carreira foi sua ênfase no autoconceito, que, segundo ele, muda com o tempo e se desenvolve com a experiência, logo, o desenvolvimento da carreira é vitalício.

As preferências e competências ocupacionais, aliadas a situações de vida de um indivíduo, mudam com o tempo e com as novas experiências. Super desenvolveu o conceito de *maturidade vocacional*, que pode ou não corresponder à idade cronológica. Desse modo, as pessoas percorrem cada uma das etapas quando passam pela transição de carreira.

Segundo essa teoria, pessoas encontram satisfação na carreira conforme sua visão de si mesmas em cada um dos cinco estágios de desenvolvimento. Por exemplo, uma pessoa pode valorizar o equilíbrio entre vida pessoal e profissional mais na fase de manutenção do que na fase de estabelecimento. A carreira pode ser a mesma, mas o tempo e a experiência mudam a forma como a pessoa percebe sua profissão. No quadro a seguir, estão descritos os cinco estágios de desenvolvimento de carreira e vida.

Quadro 4.1 – Cinco estágios de Super

Etapa	Era	Características
Crescimento	do nascimento até 14 anos	Desenvolvimento do autoconceito, atitudes, necessidades e mundo geral do trabalho.
Exploração	de 15 até 24 anos	Investigação ativa por meio de aulas ou passatempos profissionais. Escolha provisória e desenvolvimento de habilidades.
Estabelecimento	de 25 até 44 anos	Desenvolvimento de habilidades de nível básico e estabilização por meio da experiência de trabalho.
Manutenção	de 45 até 64 anos	Processo de ajuste contínuo para melhorar a posição.
Declínio	acima de 65 anos	Produção reduzida e preparação para a aposentadoria.

O trabalho de Super foi importante posto que firmou a ideia de autoconceito, mudando profundamente o campo de desenvolvimento de carreira. Assim, o autor desafiou os indivíduos a construir sua própria identificação e compreensão de suas identidades no espaço de vida, incluindo o de suas carreiras.

4.1.5 Teoria da personalidade e escolha vocacional de Roe

A teoria da personalidade de Anne Roe (1957) afirma que uma pessoa escolhe sua carreira com base na interação com seus pais. Roe (1957) acreditava que a maneira como uma criança interage com seus pais a induz a buscar empregos pessoais ou não pessoais. Os trabalhos orientados para a pessoa têm uma grande interação com outras pessoas; já aqueles não orientados para pessoas são mais independentes.

Roe (1957) propõe uma separação em duas áreas principais: (1) aspectos teóricos da personalidade e (2) classificação das ocupações. Inspirada pela hierarquia de necessidades de Maslow, a autora incorporou as necessidades psicológicas que se desenvolvem a partir das interações pais-filhos em sua conceituação de personalidade. Assim, classificou os padrões de interação pai-filho em três categorias, cada uma com duas subcategorias, sendo:

1. **Concentração emocional na criança:**
   1. superprotetora; ou
   2. demasiadamente exigente
2. **Evitação da criança:**
   1. rejeição emocional; ou
   2. negligência
3. **Aceitação da criança:**
   1. casual; ou
   2. amorosa.

Seu interesse por esse tema levou ao desenvolvimento de um questionário de relações entre pais e filhos como meio de avaliar com precisão tais interações. Assim, essa teoria buscou compreender os sistemas de classificação existentes para as ocupações. Para tanto, um dos métodos eleitos foi comparar o indivíduo a um espectro completo de ocupações, assim, a autora conseguiu desenvolver um sistema de classificação abrangente que permitiria o andamento de sua investigação.

O resultado foi um sistema de classificação bidimensional de oito por seis com oito categorias ocupacionais, quais sejam:

1. serviço;
2. contato de negócios;
3. organização;
4. tecnologia;
5. ao ar livre;
6. ciência;

7. cultura geral; e
8. artes e entretenimento.

Cada uma dessas categorias tem seis níveis com base na habilidade necessária para realizar o trabalho:

1. responsabilidade independente;
2. menos independência;
3. responsabilidade moderada;
4. treinamento exigido;
5. treino especial; e
6. obediência às instruções básicas.

Então, um indivíduo é classificado em oito categorias e seis níveis com base na interação que teve com seus pais quando criança.

Essa pesquisa sobre o impacto das interações entre pais e filhos na escolha de carreira não resultou em um apoio significativo para a teoria de Roe. Preocupações com a lembrança do sujeito das interações pais-filhos, diferenças nos estilos parentais ao longo do tempo, além dos tamanhos de amostra, entre outras questões, foram levantados. Roe (1957) reconheceu abertamente as críticas de sua teoria e expressou preocupação de que seu sistema de classificação não abordasse adequadamente as experiências de mulheres e minorias. Além disso, essa teoria foi desenvolvida com pouca previsão em relação à sua aplicação. Ainda assim, houve um suporte de pesquisa suficiente para amparar o sistema classificatório, pois constatou-se a existência de impactos nas primeiras interações sobre os comportamentos e atividades relacionados ao trabalho em certas áreas de especialização ocupacional.

A teoria da personalidade e escolha vocacional pode ajudar o profissional a obter uma melhor compreensão de si mesmo e de sua carreira. Muitas pessoas descobrem que a combinação de várias teorias lhes permite obter uma visão mais abrangente e aprimorada. Aprender sobre essas teorias de fato pode ajudar no entendimento sobre os interesses de um plano de carreira, mas um conselheiro conseguirá orientar mais especificamente esse sujeito, uma vez que tem à disposição ferramentas e testes baseados nessas teorias, bem como em sua própria experiência profissional.

Exercício resolvido

Escolher o tipo de carreira envolve comprometimento, análise e autoconhecimento. Muitas são as teorias que explicam a inclinação humana para escolher um tipo de carreira. Assinale qual dos autores listados a seguir baseia-se na relação entre ascendentes e descendentes para explicar a escolha por certa profissão.

a) Bandura.
b) Roe.
c) Parson.
d) Super.

Gabarito: b.

Roe acreditava que a relação hierárquica entre pais e filhos influenciava na escolha profissional. Segundo a autora, a partir do momento em que o filho se projeta (ou retrai) na figura do pai estabelece os primórdios para escolher sua prática profissional.

4.2 Carreira tradicional

Conforme temos evidenciado aqui, uma carreira é a sequência de experiências de trabalho de um indivíduo. Essas experiências apresentam aspectos subjetivos e objetivos. Os primeiros são as visões e opiniões do indivíduo sobre sua carreira; já os segundos correspondem a um registro de trabalhos realizados. Da mesma forma, o sucesso na carreira tem aspectos subjetivos e objetivos. Uma carreira objetivamente bem-sucedida pode não resultar em um senso subjetivo de cumprimento de metas, e o sucesso subjetivo não pode ser medido em resultados tangíveis, como salário, cargo ou posição hierárquica, mas em satisfação pessoal.

Os modelos tradicionais de carreira baseiam-se em um relacionamento de longo prazo entre o indivíduo e uma ou duas empresas ao longo de sua vida profissional. Pessoas físicas e jurídicas trocam a força de trabalho, cumprindo todas as exigências do empregador, de acordo com um conjunto específico de funções, por remuneração e outros benefícios.

Os conceitos tradicionais de carreira dependem do pressuposto de que a estabilidade não é apenas um atributo das carreiras individuais, presumindo que o trabalho, os mercados, as organizações e as mudanças sociais se desdobram de maneira previsível. Não surpreendentemente, os funcionários em carreiras tradicionais seguem formas-padrão de emprego, caracterizado por trabalho em tempo integral, contratos indefinidos, progressão vertical na carreira e previsibilidade no atinente a renda, local de trabalho e avanço profissional. Sob a ótica da carreira tradicional, o objetivo principal de organizações e indivíduos está relacionado à escolha de uma carreira linear.

A macroeconomia, caracterizada pela globalização, pelo aumento competitivo e por mudanças significativas no mercado de trabalho, levou à formulação de postos tradicionais ou conceitos de carreira corporativa no final do século XX. Assim, ao construir e desenvolver as carreiras profissionais de funcionários individuais e gerenciais, é certo que a organização cultivará seus interesses em primeiro lugar, afinal, todos sobrevivem enquanto a existência da organização estiver garantida, caso contrário, seus funcionários teriam de procurar emprego em outro lugar. O requisito básico da gestão de recursos humanos é buscar as necessidades e os interesses da organização.

A trajetória da carreira tradicional é um curso ao longo do qual um funcionário ascende na estrutura hierárquica da organização. Ela é diretamente afetada pela estratégia ou política organizacional. Qualquer mudança na empresa modifica os planos de carreira dos funcionários, mesmo não havendo hoje em dia a expectativa de o indivíduo ingressar na organização no nível mais baixo e se aposentar ao atingir o nível mais alto em sua carreira profissional.

Os caminhos da carreira sofrem alterações a depender das mudanças no padrão e no tamanho da organização. Ao longo do tempo, novos postos são criados, surgindo diferentes planos de carreira. Todas essas modificações levam a mudanças na carreira individual. Algumas organizações consideram, por exemplo, as demandas dos sindicatos, que sugerem conceder algum tipo de promoção àqueles cuja carreira chegou à estagnação. As organizações, após a concessão de promoções, transferem os funcionários para outros departamentos, o que também altera o plano de carreira de trabalho.

As carreiras tradicionais prometem muito em termos de recompensas extrínsecas e são consideradas menos arriscadas, além de fornecer uma plataforma pronta entre a conexão social e o reconhecimento. Quando alguém se torna médico, por exemplo, lhe é concedido imediatamente certo *status* social. Profissões como a medicina também fornecem uma rede de apoio de colegas, bem como caminhos pré-formados para o desenvolvimento profissional. Uma desvantagem potencial das carreiras tradicionais é que elas exigem uma disposição para comprometer os interesses e preferências individuais em favor de regras e padrões coletivos.

4.3 Carreira linear

Os ambientes de trabalho contemporâneos solicitam dos funcionários o autogerenciamento de suas carreiras. Profissionais com atitudes multifacetadas mostram comportamentos de autogestão de carreira que devem se traduzir em sucesso profissional objetivo, pois atendem aos requisitos atuais exigidos pelos empregadores e agem de forma mais adaptável e otimista em situações de carreira imprevistas, como diante de uma estruturação administrativa (*downsizing*) ou alterações mais ou menos significativas no mercado de trabalho. Além disso, há correlações positivas entre salário e autoeficácia, bem como personalidade proativa, que também estão positivamente relacionadas a atitudes multifacetadas.

As hipóteses sobre a preferência de mobilidade organizacional e sucesso objetivo são derivadas de pesquisas sobre mobilidade de carreira. Assim, a mobilidade interorganizacional, no que se refere a transições reais, tende a estar positivamente relacionada com o sucesso objetivo na carreira, mas não necessariamente com o sucesso subjetivo. Basicamente, é sugerida uma correlação positiva entre mobilidade interorganizacional e sucesso objetivo na carreira por duas razões: (1) as pessoas geralmente mudam de emprego somente quando ocorre um aumento significativo de salário ou promoção; (2) as pessoas ficam mais motivadas a fazer uma mudança organizacional quando esperam recompensas positivas.

Quando profissionais mudam de emprego, adquirem novas habilidades e novas experiências, que, por sua vez, aumentam seu capital humano, conduzindo-o a um sucesso profissional mais objetivo. A mobilidade de carreira aprimora as habilidades e o conhecimento dos indivíduos quanto ao trabalho e à experiência de lidar com diferentes colegas/clientes de diferentes setores. Além disso, a teoria do capital social prevê que a mobilidade profissional está positivamente associada ao salário. O capital social, vale mencionar, inclui tanto recursos reais quanto potenciais. Do ponto de vista individual, uma pessoa com alta mobilidade profissional tem mais oportunidades para construir e manter contatos externos associados ao sucesso objetivo na carreira.

Um plano de carreira linear, igualmente baseado na hierarquia, é aquele em que os funcionários trabalham duro e, com o tempo, sobem em um caminho previsível para o próximo nível, até que não haja mais degraus escada acima. Atualmente, porém, essa não é a única opção desejada ou disponível, e as chances de profissionais optarem por esse caminho são cada vez mais remotas.

Há, na contemporaneidade, formas de desenvolvimento de habilidades em campos específicos, sem que seja necessário subir para níveis gerenciais. Logo, há uma mudança das forças de trabalho centrais e estáveis para altamente qualificadas, móveis e adaptáveis. Pontes (2002) esclarece que a **carreira Y** tem como pressuposto a mobilidade e a ascensão profissional do colaborador pelo exercício de funções gerenciais ou de ocupações na sua área de especialidade. Segundo o autor, "os níveis iniciais são básicos, e, a partir de certo patamar da estrutura da carreira, o profissional pode optar pelo prosseguimento por meio de cargos gerenciais ou tipicamente técnicos" (Pontes, 2002, p. 333).

Esse modelo de carreira apresenta uma base única bifurcada em seu topo. Dutra (1996) cita os seguintes elementos:

- sua natureza é técnica e compreende o período de início da carreira do profissional técnico na empresa até sua opção pelo braço técnico ou gerencial da carreira;
- a extensão da carreira, nesse período, varia em função da estratégia da empresa para a gestão de seus recursos humanos ou do desenho organizacional adotado para as áreas em que estão alocados os profissionais técnicos;
- o número de posições existentes na base está vinculado às pressões de mercado sobre os profissionais técnicos ou à necessidade de sua compatibilização aos instrumentos de carreira adotados para as demais categorias profissionais da empresa;

- as posições adjacentes ao braço técnico devem guardar a mesma relação com a política de remuneração e benefícios que o braço gerencial;
- as posições do braço técnico não precisam ser necessariamente simétricas com o braço gerencial;
- o braço técnico deve oferecer o horizonte profissional necessário para estimular a permanência do indivíduo na carreira técnica até o final de sua vida ativa, sob pena de ele visualizar uma posição gerencial como sendo seu fim de carreira;
- as posições do braço gerencial devem ser compatíveis com a organização dos espaços e estar de acordo com as unidades nas quais se alocam os profissionais técnicos;
- os níveis de exigência, o horizonte profissional e os níveis de remuneração e benefícios devem estar bem-definidos em ambos os braços, técnico e gerencial, sob pena de que os profissionais relutem em optar pelo braço gerencial.

Já a **carreira W** possibilita que os profissionais cresçam na organização por meio de trocas de cargo verticais e horizontais. Assim, a evolução pode ocorrer em uma mesma área ou em área distinta. Por fim, a **carreira X** é marcada por um propósito, isto é, o indivíduo busca atingir determinado fim.

Exercício resolvido

O estudo sobre a carreira aponta para uma amplitude de conteúdos, que propõem, por vezes, traçar a evolução histórica do conceito de carreira e, em outros momentos, elencar os tipos de profissões e carreiras em pauta atualmente, e todo esse arcabouço possibilita que o indivíduo seja mais livre e consciente em sua escolha. Nesses termos, a carreira tradicional é um modelo típico de organizações com estrutura de poder centralizada. Sobre esse modelo, assinale a alternativa correta.

    e) Nesse modelo, poucas pessoas conseguem chegar a cargos mais elevados.
    f) É bastante móvel e todos têm as mesmas oportunidades.
    g) É flexível e a oportunidade é isonômica.
    h) É o modelo adotado pelas corporações modernas.

Gabarito: a.

Trata-se de um modelo com baixa flexibilidade em que poucos funcionários conseguem progredir para cargos elevados na hierarquia organizacional.

4.4 Carreira proteana

Carreira proteana é o termo que designa uma carreira impulsionada pelo indivíduo e não pela organização. O conceito de carreira multiforme data de 1976, quando no livro *Careers in Organizations*, Douglas T. Hall observou um tipo emergente de carreira que era menos dependente da organização em termos de definição de sucesso ou obtenção de certos resultados (Hall, 1976).

A característica mais central da carreira multiforme é que ela é um reflexo e uma manifestação do ator em busca de uma carreira individual. Acredita-se que um indivíduo com uma carreira multiforme coloca a autorrealização e o sucesso psicológico acima de preocupações e normas extrínsecas a ele. O sucesso psicológico é mensurado segundo parâmetros próprios da pessoa, em contraste com o sucesso objetivo, que pode ser medido ou definido externamente (por exemplo, por salário ou promoções). Embora uma carreira *multifacetada*, como ora é denominada, possa ser semelhante externamente a um padrão de carreira definível, a literatura preocupa-se principalmente em descrever como a carreira é encenada, administrada, definida e avaliada na perspectiva subjetiva do indivíduo.

As duas grandes dimensões da carreira multiforme são: (1) carreira orientada por valores e (2) gerenciamento de carreira autodirigido. A primeira dimensão significa que o ator define os valores de sua carreira em seus próprios termos e avalia o sucesso de acordo com esses parâmetros. Já o gerenciamento de carreira autodirigido ocorre quando o ator gerencia ativamente o desenvolvimento de sua própria carreira em consonância com seus valores pessoais.

Por causa da ênfase em seguir o próprio caminho, os autores da área frequentemente associam a carreira multifacetada a carreiras e estilos de vida que são independentes de um forte compromisso com alguma organização empregadora, ou de símbolos que carregam *status* tradicionais, como renda. Embora se presuma que os atores de carreira multifacetada estejam mais interessados em aprender e em alcançar o equilíbrio da vida e a autorrealização, uma pessoa poderia, de forma independente (e multiforme), selecionar contextos de carreira tradicionais e valorizar alguns dos símbolos de sucesso que eles pressagiam, incluindo renda e promoção.

Ao compreender a definição original e em evolução da carreira multiforme, é importante perceber que ela surgiu em uma época em que as organizações e sua influência sobre as carreiras eram relativamente dominantes em comparação com os padrões atuais. Na verdade, embora as carreiras orientadas individualmente sempre tenham existido, pensar no desenvolvimento da carreira como algo decisivamente independente da organização era uma abordagem nova em 1976.

O interesse no conceito de carreira multifacetada cresceu em parte em decorrência do tumultuoso ambiente organizacional e de negócios do final do século XX e início do século XXI. Em razão de um conjunto de fatores – o qual inclui o *downsizing*, as rápidas modificações nas condições econômicas, a globalização, os avanços tecnológicos (que tornaram viável, por exemplo, o teletrabalho), a maior ênfase em trabalhadores contingentes e as mudanças nos valores sociais em torno das prioridades profissionais e não profissionais – as carreiras de fato se tornaram mais individualizadas, proativa ou reativamente. Uma mudança relevante para a carreira multifacetada envolveu o "contrato psicológico" entre empregadores e empregados, ou seja, o que eles esperavam um do outro havia se alterado. O contrato tradicional enfatizava a lealdade de ambos na manutenção desse relacionamento, mas, com a migração para um tipo de contrato "transacional", os empregadores não garantem a segurança do emprego, podendo, porém, oferecer mais oportunidades; os funcionários, por sua vez, não fazem um pacto de lealdade, mas se comprometem com o alto desempenho.

Alguns consideram que essas tendências gerais são exageradas; outros sugerem que os contratos emergentes mesclam aspectos das perspectivas tradicional e relacional. O que é indiscutível é que o contrato psicológico parece ter mudado tendo incentivado a gestão individual de uma carreira. Em muitas organizações, os funcionários demoram a reconhecer e lidar com a mudança do contrato psicológico e, com isso, projetar novos esforços de desenvolvimento de carreira. A maior parte das organizações produz estágios iniciais traumáticos antes de os funcionários conseguirem se adaptar ao novo contrato. Uma minoria de organizações é capaz de alavancar uma cultura de aprendizagem transitória menos dramática.

O rápido surgimento, na década de 1990, do conceito de carreira "sem fronteiras" pode ter se beneficiado do conceito de carreira multiforme complementar. Embora a carreira sem fronteiras cruze muitos "limites" diferentes e mais negociáveis do que antes, sua principal característica é que se estende por vários limites organizacionais. A implicação é que uma abordagem multifacetada de carreira é mais óbvia e funcional em tal cenário. Muitos autores trataram as carreiras multiformes e sem fronteiras quase como sinônimas e, de fato, o principal estudioso por trás do conceito de carreira sem fronteiras, Michael A. Arthur, colaborou em vários trabalhos com Hall entrelaçando os dois conceitos. No entanto, à medida que as duas teorias amadureceram, suas naturezas distintas e inúmeras combinações teóricas e práticas vêm se tornando evidentes.

Alguns estudiosos aliam a carreira multifacetada a um contexto ocidental ou anglo-saxão em razão de sua origem e desenvolvimento histórico, sobretudo por causa das escolas de negócios dos Estados Unidos e sua óbvia preocupação com o indivíduo. Embora pesquisas em várias culturas ocidentais tenham mostrado que a construção multifacetada da carreira é um preditor confiável e robusto dos resultados da carreira, ainda é pouco pesquisada em culturas não ocidentais e coletivistas e, até que análises científicas sejam efetuadas, não serve como medida para tais contextos.

Assim, como os construtos de pesquisa para medir as atitudes e as abordagens de carreira multifacetada foram desenvolvidos apenas recentemente, a validação empírica, neste momento, está aquém da maturidade teórica do conceito. Algumas pesquisas indicaram que as atitudes multifacetadas de carreira estão ligadas a um conjunto de outras atitudes de natureza "agente". Por exemplo, foram encontradas fortes correlações entre a carreira multiforme e uma personalidade proativa, autoeficácia e uma mentalidade sem fronteiras. Além disso, a carreira multifacetada foi correlacionada com o domínio de aprendizagem direcionado a objetivos, o que contrasta com a orientação para o desempenho, que implicaria uma preocupação com o sucesso conforme definido pelos outros, e não pelos indivíduos particularmente.

Até agora, as pesquisas não demostraram se a identidade e as atitudes estão associadas à idade ou ao sexo. Em aspectos etários, alguns pesquisadores apontaram como agir de forma multifacetada e os desafios que isso implica à medida que se envelhece, especialmente se a pessoa já estiver acostumada com o contrato psicológico tradicional em que a organização assume a maior parte da responsabilidade pelo desenvolvimento da carreira. Outros estudos, por seu turno, mencionam uma relação positiva moderada entre envelhecimento e atitudes multifacetadas, e há pesquisas que defendem que uma orientação multifacetada para a carreira é consistente em todos os grupos etários.

4.4.1 Benefícios de um desenvolvimento profissional sob a ótica da carreira proteana

Abordar o desenvolvimento de carreira pode despertar o seguinte questionamento: Por que desenvolver as pessoas para serem mais multifacetadas? Tem sido assumido na literatura que o ambiente organizacional é menos previsível, muito mais fluido e menos complacente do que no passado. Nesse espaço, presume-se que uma abordagem mais autodirigida da carreira é vantajosa para fins de adaptabilidade e aumento da probabilidade de obter sucesso subjetivo na carreira.

Outro benefício atrelado à abordagem multifacetada de carreira é que ela permite que os atores se ajustem melhor às mudanças, o que gera benesses organizacionais e individuais. Algumas pesquisas apontam que os atores multiformes de fato se adaptam mais rapidamente à mudança organizacional. Além disso, uma abordagem multifacetada abrange tanto uma orientação de carreira orientada por valores quanto uma gestão autodirigida. Assim, é preciso equilibrar de um lado e de outro pois, se o centro das atenções for apenas voltado à orientação por valores, o indivíduo tende a ser extremamente rígido; já, se o foco for somente o gerenciamento autodirigido, ainda que o sujeito seja capaz de conduzir e reagir a mudanças de carreira, não terá os pés no chão. Obviamente, não atender a nenhum dos dois é problemático, mas espera-se que os indivíduos com alto nível em ambas as dimensões multiformes sejam mais transformadores no que respeita a suas carreiras e potencialmente capazes de oferecer habilidades mais transformacionais também às organizações a que estão relacionados.

À medida que a "nova" carreira ganhou reconhecimento nos círculos acadêmicos e profissionais, as formas de carreira multifacetadas e sem fronteiras passaram a ser vistas com certa reticência. A suspeita, por parte de algumas organizações, parece ser a de que funcionários multiformes ou sem fronteiras podem ser menos leais e comprometidos. Curiosamente, vários estudos emergentes apontam que essa relação causa-efeito pode ser falsa, pois os funcionários multiformes se comprometem com sua organização tanto afetivamente, afirmando "Quero permanecer na organização", quanto normativamente, asseverando "Devo permanecer na organização pelos mesmos motivos que os outros funcionários". Há algumas evidências, porém, de que os funcionários multiformes têm menos probabilidade de permanecer na organização simplesmente por vantagens econômicas, além de preferirem culturas que permitem inovação, independência e expressão de valor.

Hall (2004) propôs duas grandes habilidades que se relacionam com a carreira multifacetada – (1) identidade (autoconsciência) e (2) adaptabilidade. Essas metacompetências permitem que o ator de carreira "aprenda como aprender". Consciência e compreensão da identidade são vistas como a chave para a natureza da carreira orientada por valores e como base pessoal segura sobre a qual se alicerça (e se experimenta) as mudanças das condições externas. A adaptabilidade envolve a habilidade de mudar os comportamentos de carreira e de trabalho de modo a fomentar o sucesso em uma variedade de contextos potenciais sem a necessidade constante de desenvolvimento de carreira orientado externamente.

As metacompetências de identidade e adaptabilidade, que incitam reflexão contínua, são vistas como um "combustível" necessário que desafia e desenvolve a identidade, os valores, as premissas e as habilidades do indivíduo ao longo de sua carreira. Assim, a reflexão pode ser considerada uma habilidade necessária na carreira multifacetada.

De modo geral, as práticas de desenvolvimento de carreira que ajudam os indivíduos a aumentar sua consciência de identidade, adaptabilidade e reflexão aprimoram suas atitudes multifacetadas. Uma grande barreira para o autodesenvolvimento quanto à carreira multifacetada é a incapacidade de ir além da adaptação aos desafios, retrocedendo para refletir sobre identidade, premissas de carreira e definições profissionais de sucesso.

Essa questão do ciclo duplo sobre identidade e adaptabilidade é relativamente nova, e, portanto, representa um alvo principal no desenvolvimento de carreira. Como o aprendizado de ciclo duplo aparentemente não é natural para muitas pessoas, sobretudo em áreas consideradas óbvias, como identidade e valores, pode exigir intervenção externa a fim de que os indivíduos possam dele se apropriar.

Atualmente, o ambiente organizacional é dinâmico e rico em fornecer uma variedade de experiências com as quais o indivíduo poderia "aprender a aprender" e, nesse processo, aprimorar as metacompetências de identidade e adaptabilidade. Nesse sentido, abundam as oportunidades de desenvolvimento. Para os indivíduos, isso significa ter experiências que aumentem a identidade, a adaptabilidade e a capacidade de reflexão. As implicações para as organizações que desejam auxiliar no desenvolvimento de carreira são semelhantes, exceto sua missão em garantir ao indivíduo uma forte influência e independência sobre o processo.

A carreira multiforme normalmente é formada por uma série de ciclos de aprendizagem. Sob essa ótica, o ciclo de aprendizagem torna-se o quadro-chave por meio do qual os indivíduos e os interessados em seu desenvolvimento podem tentar lograr avanços em conhecimentos e habilidades de carreira. Além das habilidades de reflexão e das próprias experiências de desenvolvimento, os relacionamentos são um veículo importante para o desenvolvimento de carreira do ator multifacetado.

Um paradoxo no novo ambiente de carreira, entretanto, é que, embora alguns dos relacionamentos mais orientados para o desenvolvimento estejam em ação, eles são vulneráveis às forças voláteis dos negócios. Portanto, cabe ao ator de carreira desenvolver uma rica rede de relacionamentos em seu ambiente de trabalho contemporâneo. Resultados de pesquisas recentes indicam que a carreira multifacetada pode ser medida de maneira confiável e, além disso, parece impactar o desempenho da carreira nas direções que abordamos aqui.

Exercício resolvido

Pode-se dizer que a carreira corresponde à trajetória percorrida por uma pessoa ao longo da vida. A carreira é dinâmica e algumas teorias buscam explicar seus movimentos. É correto afirmar que a carreira proteana:

i) defende o gerenciamento autodirigido.
j) garante a mobilidade dentro da cadeia organizacional.
k) causa instabilidade ao posto de trabalho.
l) apresenta um formato piramidal de gestão da carreira.

Gabarito: a.
Na carreira proteana, o indivíduo pode autodirigir sua carreira e, assim, traçar metas que busca alcançar.

Síntese

- As carreiras devem ser pensadas ao longo da vida organizacional e individual.
- A escolha pelo tipo de carreira pode ser orientada por múltiplas teorias explicativas que buscam justificar a opção do indivíduo por determinada prática profissional.
- A carreira linear apresenta um crescimento pouco acelerado, visto que o sujeito tende a crescer restrito por seu grau hierárquico.
- A carreira em W permite que o indivíduo de fato cresça na hierarquia organizacional, assumindo cargos mais elevados.
- A carreira proteana está correlacionada a um domínio de aprendizagem direcionado a certos objetivos, em contraste com uma orientação para o desempenho, que implica uma preocupação centrada no sucesso.

5 Planejamento

Conteúdos do capítulo

- Conceito de planejamento.
- Noções sobre o desenvolvimento de um planejamento.
- Importância do planejamento pessoal.
- Função do planejamento organizacional.

Após o estudo deste capítulo, você será capaz de:

- conceituar planejamento organizacional;
- apontar as possíveis formas de planejamento de uma carreira;
- elaborar um planejamento pessoal de carreira;
- identificar a importância do planejamento organizacional.

Neste capítulo, ressaltaremos a importância da aplicação das técnicas de planejamento para a condução da carreira. O ato de planejar, nesse sentido, é fundamental para que uma organização obtenha sucesso no desenvolvimento de suas atividades e, principalmente, possa gerir seus recursos com excelência.

O planejamento de carreira depende de múltiplos fatores, entre eles do modelo estrutural e cultural da organizacional e, claro, do empenho de cada funcionário na busca pelo planejamento e desenvolvimento.

5.1 Noções gerais sobre planejamento

O planejamento é o processo de pensar sobre as atividades necessárias para atingir uma meta desejada. É a principal atividade no alcance dos resultados preestabelecidos e envolve a criação e a manutenção de um plano, como aspectos psicológicos que requerem habilidades conceituais. Existem até alguns testes para medir a capacidade de se planejar bem; assim, esse elemento caracteriza-se como uma propriedade fundamental do comportamento inteligente. Um significado adicional importante, frequentemente nomeado *planejamento*, é o contexto legal de sua construção.

Há, ainda, um processo específico necessário a cada ocupação, sobretudo em áreas como administração, negócios etc., pois em cada um desses campos existem diferentes tipos de planos que ajudam as empresas a alcançar a eficiência e a eficácia almejadas. Um aspecto de relevo do planejamento, embora frequentemente ignorado, é a relação que ele mantém com a previsão. A **previsão** pode ser descrita como uma visão do futuro, uma vez que o planejamento prevê os acontecimentos prováveis em vários cenários. Logo, combina previsão com preparação de cenários e suas possíveis reações.

O planejamento é uma das técnicas mais importantes de gerenciamento de projetos e tempo. Planejar é preparar uma sequência de etapas de ação para atingir algum objetivo específico. Se uma pessoa fizer isso de forma eficaz, pode reduzir muito o tempo e o esforço necessários no alcance da meta. Um plano é como um mapa. Ao seguir um plano, a pessoa pode ver o quanto ela progrediu em direção ao objetivo do projeto e o quão longe está de seu propósito. Logo, o ato de planejar corresponde a decidir com antecedência o que, como e quando fazer. Assim, a lacuna entre onde se está e o ponto a que se pretende chegar é devidamente preenchida. Desse modo, a finalidade de um planejamento é determinar com antecedência o que deve ser feito, estando o início atrelado à seleção dos objetivos organizacionais. O gerente tem de decidir quais dos planos alternativos devem ser seguidos e executados para, com isso, atingir os objetivos preestabelecidos. Portanto, o planejamento é de natureza intelectual, consiste em um trabalho mental de mirar o futuro e se preparar para ele.

O planejamento é a função primordial da gestão, pois, após estabelecer os objetivos, desenvolvem-se os cursos de ação pelos quais uma empresa pode alcançar tais metas. Assim, trata-se de pensar antes que a ação aconteça, de forma a prever o futuro e decidir como lidar com possíveis situações. Envolve pensamento lógico e tomada de decisão racional.

Esquematizamos na Figura 5.1 as características principais do planejamento.

Figura 5.1 – **Principais características do planejamento**

- Gerência
- Orientação direcionada
- Atividades contínuas
- Processo intelectual
- Ato futurístico
- Decisão orientada
- Planejamento

Em síntese, o planejamento pode ser entendido como uma função gerencial que fornece a base para outras funções da gestão, ou seja, implica organizar, prover pessoal, dirigir e controlar. Suas ações são orientadas para determinado objetivo, haja vista sua centralidade na estrutura organizacional, identificando caminhos alternativos de ação e decidindo o plano mais adequado para atingir as metas. Todavia, a eficiência de um planejamento está estritamente ligada à sua abrangência de sentido, pois é preciso estar atento a todos os segmentos e a todos os níveis da organização. Contudo, é verdade que, na realidade fática, o escopo do planejamento varia em diferentes níveis e departamentos.

Ademais, o planejamento deve ser desenvolvido como um processo contínuo, visto que os planos são feitos para um período específico (um mês, trimestre, ano e assim por diante); findada essa etapa, novos planos são traçados considerando-se as condições e necessidades presentes e futuras da organização. Portanto, trata-se de um procedimento em cadeia, pois os planos são enquadrados, executados e acompanhados em seu curso. Essa característica é predominantemente de um exercício mental, visto que envolve pensar, prever, imaginar de forma inteligente e propor inovações para o futuro, cuja análise deve antecipar eventuais acontecimentos dando condições para que a organização enfrente os desafios futuros com eficácia.

Apesar de ser um ato destinado ao futuro, é fundamental que haja uma tomada de decisão presente. As decisões correspondem a escolhas de cursos alternativos de ação que podem ser tomados para se atingir uma meta. A alternativa escolhida deve ser a melhor entre todas, com menor risco de resultados negativos e o maior número de resultados positivos.

O planejamento preocupa-se com o estabelecimento de objetivos, metas e a formulação de planos para alcançá-los. Essa atividade auxilia os gerentes a analisar a condição atual e identificar as formas de alçar à posição desejada no mercado, a curto ou médio prazo, sendo compartilhada tal responsabilidade entre a organização e os gestores.

Desenvolver atividades planejadas é fulcral porque:

- ◆ funcionam como um recurso para que os gestores melhorem o desempenho futuro estabelecendo objetivos e selecionando um curso de ação em benefício da organização;

- minimizam o risco e a incerteza;
- facilitam a coordenação de tarefas;
- reduzem a sobreposição entre atividades e eliminam o trabalho improdutivo;
- antecipam o que deve ser feito no futuro, de modo a direcionar a ação;
- identificam oportunidades e ameaças futuras;
- estabelecem padrões de controle;
- comparam o desempenho real com o desempenho-padrão e esforçam-se para efetuar possíveis correções.

O planejamento está presente em todos os tipos de organizações, famílias, setores industriais e econômicos etc. É preciso planejar porque o futuro é altamente incerto, mas ninguém pode prevê-lo com precisão, pois as condições estão em constante mudança. Logo, o planejamento é o requisito básico de qualquer organização para sua sobrevivência, seu crescimento e seu posterior sucesso.

Ao planejar o processo, uma empresa não apenas percebe o futuro, mas também pode moldá-lo conforme suas predileções. Um planejamento eficaz envolve simplicidade. Eis a razão para um plano ser fácil de entender, pois, em sendo muito complicado, pode criar ruídos entre os membros da organização. Além disso, o plano tem de atender a todos os requisitos organizacionais. Esse instrumento também serve para determinar os objetivos do negócio, a formação de programas e cursos de ação, o desenvolvimento de cronogramas e atribuição de responsabilidades durante a implementação. Portanto, precede todos os esforços e ações, pois são os planos e programas que determinam os tipos de decisões e atividades necessários para o alcance das metas desejadas.

Como já mencionado, o planejamento deve ser compreendido como um conjunto de atos encadeados, conforme ilustra a Figura 5.2.

Figura 5.2 – **Processos do planejamento**

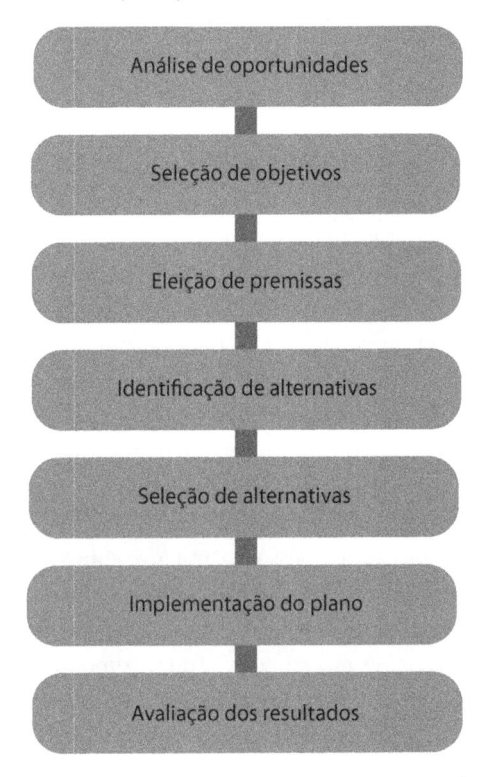

- Análise de oportunidades
- Seleção de objetivos
- Eleição de premissas
- Identificação de alternativas
- Seleção de alternativas
- Implementação do plano
- Avaliação dos resultados

    Um plano é um compromisso com determinado curso de ação, ao passo que o planejamento é uma atividade que consiste em um processo que determina antecipadamente o que deve ser feito, de modo a levantar os meios que podem contribuir para se alcançar os objetivos preestabelecidos.

    De acordo com suas características intrínsecas, o planejamento é a determinação prévia de uma linha de ação mediante a qual certos resultados devem ser obtidos. Logo, se presta a selecionar alternativas para futuros cursos de ação e que abranjam cada departamento e a empresa como um todo. Na sequência, é preciso eleger, antecipadamente, as premissas, o que significa selecionar, entre as alternativas, objetivos, políticas, procedimentos e programas. Em suma, o planejamento é um processo que requer a seleção de um curso de ação. As formas e meios necessários para atingir as metas organizacionais constituem sua parte essencial. Logo, é preciso que durante todas as etapas sejam observados os objetivos delimitados anteriormente.

5.2 Planejamento organizacional

A atividade de planejamento é abrangente e pode ser realizada em vários níveis de uma organização, seja para a empresa como um todo (planejamento corporativo), seja para suas diferentes funções (planejamento funcional). Uma empresa pode ter sucesso ao usar de maneira eficaz seus recursos humanos, financeiros e materiais quando sua administração decide com antecedência os caminhos para se alcançar os objetivos propostos. Sem isso, o esforço coordenado é impraticável e os resultados podem gerar confusão e desperdício de recursos.

O planejamento encontra-se na base de todas as outras funções gerenciais, incluindo organização, pessoal, direção e controle. Na ausência de planejamento, torna-se impossível decidir quais atividades são necessárias, como devem ser combinadas em funções e departamentos, quem são os responsáveis pelas ações em curso e, ainda, como as várias decisões e atividades devem ser coordenadas. Com isso, a falta de atividades gerenciais ocasiona um exercício inadequado (ou inexistente) do quadro de funcionários. O planejamento também é um pré-requisito essencial para o desempenho da função de controle, pois fornece critérios de avaliação de desempenho; portanto, precede todas as funções gerenciais. Assim, permite um esforço coordenado para a realização de objetivos predeterminados. Além disso, cabe reiterar que auxilia o gerente a moldar o futuro da organização. Logo, seu objetivo principal é proporcionar racionalidade à organização, de acordo com princípios e valores organizacionais, de modo que todas as ações estejam direcionadas para a realização dos objetivos da empresa; um plano sabiamente concebido facilita exatamente esse ordenamento.

O planejamento é função de todo gerente; afinal, ele é responsável por elaborar planos independentemente do nível em que opera na organização. Do diretor administrativo ao supervisor de primeira linha, todos planejam, embora a amplitude e o escopo variem a depender do nível hierárquico. Planejar, controlar, organizar, prover pessoal e dirigir, todas essas são funções gerenciais projetadas para realizar os objetivos organizacionais. O planejamento, entretanto, as precede. Planejamento e controle caminham juntos, um não pode sobreviver sem o outro, e não se pode controlar o que não é planejado.

Desse modo, cabe à administração criar um sistema que facilite o planejamento. Todos os obstáculos concebíveis para o planejamento devem ser previstos, analisados, e planos de ação devem ser preparados com antecedência. Os gerentes em todos os níveis precisam ser instruídos a planejar suas metas e atividades em consulta a seus respectivos subordinados, bem como lhes fornecer recursos tecnológicos e financeiros para realizar o que se pede.

Embora o planejamento a longo prazo seja elaborado pelos proprietários e pela alta administração, sua implementação está nas mãos dos gerentes de níveis médio e inferior. Na verdade, a maneira mais eficaz de planejar é deixar que esses gerentes concebam seus planos para suas áreas de atividade, a fim de lhes dar concretude, sendo ainda melhor se eles também envolverem seus subordinados na tomada de decisões.

A participação dos colaboradores pode ser viabilizada de várias maneiras, tais como:

- gestão por objetivos, segundo a qual as metas em cada nível de atividade são estabelecidas por gestores e trabalhadores em conjunto;
- formação de comitês de planejamento em vários níveis, que podem ser responsabilizados por fornecer informações de planejamento, sugestões e reações dos gerentes subordinados com relação ao planejamento e à formulação de planos;
- orçamento de base, segundo o qual cada unidade dentro da organização prepara seu próprio orçamento de desempenho e o envia ao seu superior para incorporação no orçamento geral.

Todavia, para que o plano seja eficiente, a organização deve ter uma rede eficaz para comunicar todas as informações relevantes para o planejamento das metas em todos os níveis, o que deve incluir dados específicos e claros sobre políticas organizacionais, estratégias, disponibilidade de recursos etc. Ademais, é fundamental integrar planos de longo e curto prazos. Os planos maiores são divididos em várias etapas a fim de que sua implementação seja facilitada. No entanto, ambos precisam ser efetivamente integrados a fim de alcançar o que se almeja. Para tanto, o planejamento deve prever a ocorrência de imprevistos, dentro ou fora da organização. Assim, cada plano deve ser flexível o suficiente para ser modificado e alterado à luz de novos desenvolvimentos. Planos alternativos e estratégias de contingência devem ser formulados com antecedência.

O planejamento somente é eficaz quando é iniciado na alta administração; seu papel, nesse sentido, é bastante singular, visto que os objetivos organizacionais gerais são definidos justamente nesse nível. Tais objetivos fornecem a base para empreender o planejamento em toda a organização. Isso significa que, se as metas forem definidas corretamente, outras etapas do planejamento se tornam comparativamente mais fáceis.

Para a execução do planejamento, a organização deve criar um clima em que cada pessoa execute ações voltadas ao fim predefinido. Todo gerente superior deve apresentar facilidades e remover obstáculos, o que pode ser feito estabelecendo-se e comunicando-se as premissas do planejamento, revisando-se os planos dos subordinados e seu desempenho e garantindo-se que os gerentes tenham assistência e informações adequadas da equipe.

É fundamental, ainda, criar mecanismos que promovam a participação no processo de planejamento. Sem dúvida, a gestão pode iniciar debatendo os objetivos e as premissas do planejamento, que, se eficaz, tende a estimular a aderência dos gerentes subordinados. O planejamento tende a ser eficaz quando os gerentes têm oportunidades de contribuir para os planos que afetam suas áreas de operações, compartilhando informações relevantes e sugestões valiosas no processo de planejamento. A participação dos gestores nesse processo leva ao compromisso e ao entusiasmo para implementá-lo.

Ademais, o planejamento pode ser efetivado como uma abordagem de sistema aberto; isso significa que os gerentes devem levar em consideração o ambiente total, em todos os seus aspectos. Os objetivos e o ponto de partida do planejamento devem ser definidos contemplando-se as várias forças ambientais.

As premissas do planejamento representam um claro reconhecimento de que os planos não podem ser formulados no vácuo, uma vez que a formulação do plano é um processo que envolve a análise de muitas variáveis;

fator que deve ser reconhecido durante sua elaboração. Portanto, não se trata de um processo simples, mas repleto de interações e influências. O planejamento corporativo é realizado em nível superior e cobre todas as atividades organizacionais. De natureza integrativa, engloba todo o processo de planejamento organizacional. O mote do planejamento corporativo é determinar os objetivos a longo prazo os quais envolvem a organização como um todo, bem como gerar planos para atingir essas metas, divisando, no horizonte, as prováveis mudanças no ambiente. Esse tipo de planejamento geralmente tem uma orientação de longo prazo e fornece a base para o planejamento funcional.

Exercício resolvido

As organizações devem criar mecanismos que as ajudem a enfrentar diferentes contextos. Nesse sentido, o planejamento organizacional precisa ser compreendido como um procedimento de atos sistemáticos. Em qual das etapas, elencadas nas alternativas a seguir, devem ser estabelecidos os objetivos que direcionam os atos:

a) Eleição de premissas.
b) Análise dos dados.
c) *Feedback*.
d) Determinação dos dados.

Gabarito: a.

Durante a eleição de premissas, os objetivos escolhidos passam a ser considerados hipóteses e pressupostos para o direcionamento das ações, as quais devem ser observadas ao longo de toda a execução do projeto.

5.3 Planejamento organizacional de carreira

Uma organização sem planejamento e iniciativas de desenvolvimento de carreira provavelmente apresenta uma taxa maior de atrito, causando muitos danos a seus planos e programas. Da mesma forma, sem um planejamento de sucessão, o gerenciamento das vagas, principalmente nos níveis mais elevados, é dificultado. Muitas organizações sofrem perdas justamente por não encontrar um sucessor certo para suas posições-chave. Com o aumento do escopo para mobilidade de trabalho e a corrida corporativa para a caça de talentos com bons desempenhos, é fato que o período normal de emprego para os principais desempenhos é expressivamente curto.

Os termos *planejamento de carreira* e *desenvolvimento de carreira* são usados alternadamente na maioria das organizações. Também é correto que, exceto por sua diferença sutil no contexto de definição, seu processo seja o mesmo. *Carreira*, como temos afirmado, é uma sequência de atitudes e comportamentos associados a uma série de empregos e atividades relacionadas ao trabalho ao longo da vida de uma pessoa. Ainda, pode ser definida como uma sucessão de cargos relacionados, dispostos em ordem hierárquica, por meio dos quais uma pessoa se move em uma organização. Como a noção geral de carreira se concentra em uma sequência de ações, seu foco pode estar voltado ora para o indivíduo ora para a organização. Portanto, a carreira é frequentemente distinguida em externa e interna.

A **carreira externa** refere-se às categorias objetivas utilizadas pela sociedade e pelas organizações para descrever a progressão das etapas em determinada ocupação. Já a **carreira interna** corresponde ao conjunto de etapas ou estágios que constituem o próprio conceito de progressão na carreira de um indivíduo em um cargo/ocupação. Nessas duas abordagens, no contexto organizacional, a carreira pode ser identificada como um ritmo integrado em movimento lateral e vertical de acordo com a ocupação de um indivíduo em seu emprego.

Elencamos, a seguir, três elementos relevantes para o planejamento de carreira:

1. É uma sequência adequada de atividades relacionadas ao trabalho. Essas atividades *vis-à-vis* incluem experiências de papéis em diferentes níveis hierárquicos, o que leva o indivíduo a um nível crescente de responsabilidades, *status*, poder, realizações e recompensas.
2. Pode ser centrada no indivíduo ou na organização; a carreira centrada no indivíduo consiste em uma sequência percebida individualmente de progressão na carreira em uma ocupação.
3. É mais bem definida como um ritmo integrado de movimento interno em uma ocupação do indivíduo de acordo com seu emprego.

O planejamento de carreira geralmente envolve saber quem se é, o que se deseja, aonde se quer chegar e como se pretende atingir certo objetivo. Reiteramos que esse é um processo contínuo que permite passar de um estágio a outro conforme as alterações de vida. Assim, esses estágios são cíclicos, ou seja, pode-se retornar à pergunta "quem sou eu" depois de se ter explorado o lugar aonde se quer chegar. O essencial é aprender a negociar o processo de planejamento de carreira, sabendo-se que a maioria das pessoas mudam o curso de suas carreiras várias vezes na vida.

Para que um plano de carreira seja eficaz, é preciso traçar um objetivo. Quando questionados sobre os objetivos de carreira, é provável que muitos gerentes respondam que desejam obter sucesso. Entretanto, a definição de sucesso depende de aspirações pessoais, valores, autoimagem, idade, histórico, entre outros fatores, tratando-se, portanto, de uma noção pessoal. Planejar uma carreira varia conforme a ideia de sucesso profissional.

O cerne do planejamento de carreira é auxiliar os funcionários a adequarem seus objetivos pessoais às oportunidades que estão disponíveis de forma realista na organização. Os programadores de carreira não devem se concentrar apenas nas oportunidades de crescimento na carreira. Em termos práticos, pode não haver cargos de alto nível suficientes para tornar a mobilidade ascendente uma realidade para muitos colaboradores. Consequentemente, os esforços de planejamento de carreira precisam apontar e destacar as áreas que oferecem sucesso psicológico em vez de crescimento vertical.

O planejamento de carreira não é um evento ou um fim em si mesmo, mas um processo contínuo de desenvolvimento de recursos humano que visa alcançar os melhores resultados. Deve-se notar que as carreiras individuais e organizacionais não se separam. Uma pessoa que não consegue traduzir seu plano de carreira em ação dentro da organização pode pedir demissão, caso tenha essa escolha. As organizações, portanto, devem ajudar os funcionários no planejamento de carreira para que ambos possam satisfazer suas necessidades.

O **planejamento de recursos humanos** é o processo de análise e estimativa da necessidade e disponibilidade de funcionários. Por meio do planejamento de recursos humanos, o departamento de pessoal é capaz de preparar um resumo das habilidades e dos potenciais disponíveis na organização. Nesse sentido, o planejamento de carreira ajuda a encontrar os funcionários mais preparados para cargos de nível superior, com base em seu desempenho. Assim, o planejamento fornece informações valiosas sobre a disponibilidade de recursos humanos que contribuem também para a expansão das instalações, a construção de uma nova fábrica, a abertura de uma nova filial, o lançamento de um novo produto etc. Por outro lado, não se pode negar que é entregue apenas uma imagem de quem poderia obter sucesso caso tivesse de ocupar um cargo mais alto, cuja motivação pode ser por aposentadoria, morte ou demissão de outros funcionários. Dessa forma, está vinculado aos esforços gerais de planejamento estratégico da organização; afinal, não pode haver um planejamento efetivo de mão de obra se o planejamento de carreira não for realizado de forma adequada.

É provável que cada funcionário deseje crescer e escalar continuamente novos patamares em seu local de trabalho. Em havendo oportunidades suficientes, ele pode perseguir seus objetivos de carreira e explorar seu potencial plenamente, sentindo-se, assim, altamente motivado. Isso porque a organização lhe aponta um caminho claro para atender às suas ambições pessoais enquanto se empenha em realizar os objetivos corporativos.

Entretanto, na realidade, as organizações não prestam a devida atenção a esse aspecto, por uma variedade de razões. Por exemplo, as demandas dos funcionários nem sempre correspondem às necessidades organizacionais; nenhum esforço é feito para mostrar os caminhos e os limites de crescimento dentro da organização; a empresa não evidencia um plano de carreira sólido (o que acontece com um funcionário cinco anos depois, caso ele atenda às expectativas? A organização oferece meros empregos ou carreiras duradouras?) etc.

Aqui, vale assinalar que tampouco as organizações se beneficiam da alta rotatividade de funcionários. Novo empregado significa custos adicionais de seleção e treinamento. Preencher as lacunas por meio de substituições de curto prazo não se traduz necessariamente em maior produtividade. As organizações, portanto, têm de colocar seus planos de carreira em prática e educar os funcionários sobre as oportunidades disponíveis internamente para pessoas talentosas. Sem essa perspectiva progressista, essas empresas dificilmente prosperam.

Logo, conforme temos defendido ao longo deste livro, o planejamento de carreira nas organizações busca atrair e reter talentos de forma a não oferecer meros empregos, mas carreiras, usando, para tanto, os recursos humanos de forma eficaz. Com isso, têm maiores chances de obter maior produtividade, redução da rotatividade de funcionários, melhoria da imagem organizacional e motivação dos funcionários. Estes, quando estimulados pelo ambiente organizacional, tendem a atender às necessidades imediatas e futuras da organização em tempo hábil, bem como identificar e conciliar as necessidades e aspirações individuais.

No contexto organizacional, é raro as pessoas terem uma ideia clara sobre suas aspirações e objetivos de carreira; porquanto os profissionais de recursos humanos devem fornecer o máximo de informações e mostrar que tipo de trabalho mais se adequaria ao funcionário, considerando suas habilidades, experiências e aptidões. Tal assistência pode ser estendida por meio de *workshops*/seminários, testes psicológicos, exercícios de simulação, entre outros. O objetivo primeiro é justamente ajudar o funcionário a ter uma visão clara sobre o que ele deve fazer para construir sua carreira na empresa. Seminários, por exemplo, podem aumentar o interesse dos funcionários por evidenciarem o valor do planejamento de carreira.

O setor de recursos humanos não deve servir apenas para controlar os funcionários, mas também para desenvolver mecanismos que os ajudem a definir suas metas de carreira, identificar possíveis planos e descobrir atividades específicas de desenvolvimento profissional e pessoal. Esses esforços individuais podem ser complementados com informações impressas ou gravadas, como é o caso da construção de um banco de dados que contenha o histórico de carreira, as avaliações, as habilidades e as preferências de seus colaboradores.

Conhecendo-se as necessidades e as aspirações de carreira dos funcionários, a organização deve fornecer planos de carreira para cada posição. Estes clarificam as possibilidades de progressão organizacional, indicando as várias posições que alguém pode ocupar ao longo de um período, caso desempenhe suas atividades de modo exitoso. É preciso ressaltar, porém, que os planos de carreira mudam com o tempo, a depender das necessidades dos funcionários e dos requisitos organizacionais. Assim, ao delinear planos de carreira, as reivindicações de pessoas experientes, mas sem diplomas, e de jovens recrutas com excelentes formações, mas sem experiência, precisam ser devidamente equilibradas.

Depois que os funcionários identificam suas necessidades e reconhecem oportunidades de carreira, o problema remanescente é de alinhamento, cujo processo consiste em duas etapas: (1) delinear o potencial dos colaboradores e (2) realizar o desenvolvimento de carreira.

Os programas de carreira devem alinhar as necessidades dos funcionários com as oportunidades internas. Por meio da avaliação de desempenho, o potencial dos colaboradores pode ser mensurado até certo ponto, o que já ajuda a revelar, por exemplo, quais deles precisam de treinamento adicional e quais podem assumir imediatamente responsabilidades adicionais. Depois de identificados os potenciais, certas técnicas de desenvolvimento, como atribuições especiais, rotação de posição planejada, treinamento de supervisão, enriquecimento de trabalho e programas de substituto podem ser empregadas para atualizar os conhecimentos e as habilidades dos colaboradores.

Esse processo de correspondência revelaria possíveis lacunas, cuja superação exige esforços individuais de desenvolvimento de carreira e, de tempos em tempos, empenho organizacional. Iniciadas essas etapas, é necessário fazer revisões regulares a fim de que o funcionário esteja consciente da direção que está tomando, das mudanças a serem enfrentadas, das habilidades necessárias aos desafios emergentes. Ainda, do ponto de vista organizacional, é preciso que a gestão saiba qual é o desempenho dos funcionários, quais são suas metas e aspirações, se os planos de carreira estão em sintonia com as necessidades individuais e atendem aos objetivos corporativos gerais etc.

5.4 Ações para estimular a carreira organizacional

Na prática, existem inúmeras formas de implementar uma carreira em uma organização. Esse processo, contudo, deve ocorrer de forma planejada e sempre respeitando o modelo e a cultura organizacionais. Nas próximas linhas, comentaremos algumas delas.

A **criação de um portfólio de práticas de gestão de carreira**, por exemplo, pode auxiliar sempre que uma posição precisa ser preenchida – nesse caso, a empresa procuraria preencher essa vaga tanto com candidatos da própria organização (candidatos internos) quanto de fora da organização (candidatos externos). Essa escolha depende do nível e tipo do cargo e das normas organizacionais no que diz respeito às práticas de gestão de carreira. Muitas organizações empregam a política de publicizar a vaga internamente antes de realizar qualquer pesquisa externa. O uso extensivo de anúncios de emprego dentro da empresa indica ao funcionário que a organização está focada no mercado de trabalho interno, preferindo a promoção interna ao recrutamento de gerentes externos.

Ainda, é cabível estimular a **capacitação mediante educação formal** no programa de desenvolvimento de carreira. Com essa prática, a organização seleciona pessoas com potencial gerencial ou técnico e as encaminha para um programa de estudos formal como parte de sua trajetória de desenvolvimento. A formação pode incluir um diploma de graduação em engenharia, um MBA, outros estudos acadêmicos ou treinamento de qualificação profissional e vocacional. Uma vez que a organização identificou alguma lacuna de treinamento ou educação, esses programas podem corrigir o problema por meio de uma abordagem de médio a longo prazo.

Movimentos laterais para criar experiência multifuncional estão aumentando e configuram práticas elementares de planejamento e gestão de carreira, e a maioria das organizações com sistemas de gestão de recursos humanos precisa estar atenta a essa aplicação. O achatamento organizacional significa menos níveis hierárquicos e, portanto, menos oportunidades de mobilidade ascendente. Como os funcionários não têm uma subida vertiginosa, as organizações precisam indicar com clareza um caminho de mobilidade ascendente mais lento, mas que reflita o sucesso na carreira, e não o fracasso, ou seja, a mudança em relação às normas anteriores tem de ser positiva.

Livretos, panfletos ou folhetos podem ser empregados para apresentar formalmente as informações relacionadas à carreira, que, embora sejam direcionados a todos os funcionários, são importantes especialmente para os recém-chegados, tendo sido recrutados recentemente para a organização ou promovidos a cargos gerenciais. A **apresentação da empresa** é a primeira prática de um plano de carreira comum (PCC) experimentada pelo funcionário. Nesse processo, todos os recém-chegados aprendem os comportamentos e as atitudes valorizados pela organização. Parte desse processo é formal, liderado por certos colaboradores aptos a cumprir essa função, mas muito do que se aprende ocorre na prática diária.

A **escada dupla** é um exemplo de hierarquia organizacional para funcionários não gerenciais, como profissionais especialistas ou técnicos, sendo paralela à hierarquia gerencial. O principal papel dessa escada é permitir a mobilidade ascendente e o reconhecimento dos funcionários que não podem ou não desejam exercer uma função gerencial na organização.

Os **centros de avaliação** são considerados uma ferramenta confiável e válida para o desenvolvimento de carreira. Eles foram usados pela primeira vez como um dispositivo de seleção para recrutamento gerencial; mais tarde, serviram para identificar o potencial gerencial e para fins de desenvolvimento.

Já a prática da **mentoria** é dirigida sobretudo ao pessoal administrativo e frequentemente adotada em programas de recrutamento de pós-graduação. Seu potencial já foi apontado por muitos estudos. A tutoria também pode ser disfuncional; especialmente quando há um relacionamento negativo entre mentor e protegido, podendo ocorrer conflito de interesses entre o mentor e seu gerente direto, gerando desafios no gerenciamento desse tipo de relacionamento.

Oficinas de carreira são *workshops* de curta duração com foco em aspectos específicos da gestão de carreira que visam fornecer aos gerentes conhecimentos, habilidades e experiências relevantes. Essa iniciativa pode ajudar o indivíduo a aprender sobre os processos e as mudanças organizacionais ou melhorar a autogestão da carreira (por exemplo, *workshops* que tematizem conceitos introdutórios de carreira, como resiliência ou carreiras inteligentes). Na prática, pode-se criar cursos de capacitação direcionados aos funcionários e que contenham palestras que os estimulem a desenvolver um plano pessoal de carreira. Apesar de ser uma das competências do setor de recursos humanos, outros setores da organização podem desenvolver essas ações.

Os **sistemas de avaliação de desempenho** (AD) operam na maioria das organizações. A AD é talvez o sistema mais fundamental e pode ser utilizado pelos recursos humanos de forma muito semelhante àquela adotada nos relatórios contábeis (como demonstrações de lucros e perdas ou balanços), que fornecem informações sobre os sistemas financeiros e contábeis. Sistemas de AD válidos e confiáveis dão respostas a questões agudas, como quem deve ser promovido, quem deve ser dispensado no caso de um *downsizing* e quem deve receber treinamento e desenvolvimento. O desenvolvimento mais recente é o *feedback* 360 graus, que inclui autoavaliação, avaliação por pares, avaliação ascendente, avaliação de comitê ou uma combinação de várias fontes além daquela fornecida pelo gerente direto.

O **aconselhamento de carreira** envolve uma comunicação bidirecional entre o empregador e o empregado. Duas fontes principais estão disponíveis para conduzir o aconselhamento: (1) gerente direto (ou outro gerente superior), que deve ter um bom conhecimento das atitudes, dos comportamentos, das habilidades etc. do funcionário; e (2) gerente de recursos humanos. Dependendo da complexidade e dos recursos financeiros da organização, também é recomendado procurar aconselhamento externo.

O **planejamento de sucessão** (também denominado *inventário de gerenciamento*) pode ser valioso para o planejamento a longo prazo, pois determina a possível substituição de cada gerente dentro da organização e avalia o potencial de promoção de cada um deles. É direcionado principalmente para a força de trabalho gerencial; em uma organização achatada, em que predominam os movimentos laterais, seu desempenho ocorre de maneira diversa, mas nem por isso é menos importante.

Com o nível crescente de diversidade de funcionários, novos arranjos de trabalho e globalização, as práticas de carreira precisam atender às necessidades de populações específicas, como minorias étnicas, mulheres, deficientes físicos e casais com dupla carreira. Aderindo à bandeira da igualdade de oportunidades, e diante do aumento de litígios movidos contra as empresas, as organizações percebem a necessidade de ir além da defesa da igualdade, de forma a **garantir que todos os membros tenham uma opção justa de promoção**.

O **contrato psicológico** entre o empregado e o ambiente laboral, o qual já comentamos neste escrito, é um aspecto crucial da relação de trabalho. Uma pesquisa recente examinou o impacto negativo de quebrar esses contratos psicológicos. Esse é um elemento de relevo porque o ciclo de planejamento e desenvolvimento de carreira de cada pessoa que entra no mercado de trabalho começa com o estabelecimento de um acordo mútuo, ou seja, de um contrato psicológico que abre espaço para relacionamentos futuros.

Já a **atribuição temporária** a outra área dentro da organização ou, às vezes, a outra organização associada corresponde a uma situação em que um funcionário dos escalões gerenciais ou profissionais é transferido por um período específico (geralmente de 1 a 3 anos) para outra área/organização. A experiência é compartilhada de forma que beneficie tanto a organização quanto o indivíduo.

Um **plano de carreira** é a rota preferida e recomendada para o avanço profissional de um gerente em uma organização. Esses planos podem levar a vários departamentos e unidades dentro da empresa, como no caso de futuros gerentes de alto nível em organizações multinacionais que assumem uma função gerencial em uma subsidiária no exterior. Cabe ressaltar que planos de carreira escritos implicam em comprometimento por parte da organização. Como sabemos, o compromisso de longo prazo (por exemplo, emprego vitalício) está praticamente extinto da vida organizacional. Planos de carreira pessoais escritos são problemáticos também no sentido de criar expectativas frustradas. Vale lembrar, contudo, que, com o achatamento das estruturas hierárquicas tradicionais e o fomento de organizações sem fronteiras e virtuais, o desenvolvimento futuro de plano de carreira tende a diminuir. Atualmente não se espera que as organizações tenham planos de carreira fixos e que os indivíduos vislumbrem mais do que um ou dois anos à frente.

As práticas descritas até aqui não podem ser consideradas distintas ou autônomas, tendo em vista que tanto a lógica gerencial quanto a experiência apontam para um sistema projetado de gerenciamento de carreiras, cuja aplicação abrange várias práticas possíveis a depender da necessidade em curso. Assim, o **planejamento ativo** tem na avaliação de desempenho a base para o planejamento e o aconselhamento de carreira pelo supervisor direto ou pelo departamento de recursos humanos, incluindo, ainda, o planejamento de sucessão. Tais práticas são instrumentos para a organização estimular o desenvolvimento da carreira de seus colaboradores e lograr preencher cargos no futuro. Essa conduta revela um sistema de gestão de recursos humanos que toma iniciativas no agora para se preparar para o momento futuro.

Centros de avaliação, orientação formal e *workshops* de carreira são as três práticas de um planejamento ativo. Assim, o elemento informativo caracteriza tanto o processo de coleta de dados para a organização quanto o uso da informação para o desenvolvimento dos funcionários. A natureza bidirecional dessa transferência de informações (entre a organização e o colaborador) é característica de empresas que reservam tempo para colocar esses elementos em ação.

Listamos, a seguir, alguns tipos de planos de carreira e suas implicações práticas.

- **Básico**: É preciso oferecer elementos básicos do sistema de carreira, de modo a satisfazer as expectativas dos funcionários e fornecer infraestrutura relevante para seu desenvolvimento.
- **Formal**: Trata-se de apoiar o mercado de trabalho interno, oferecer estabilidade e esclarecer as opções de desenvolvimento de carreira dentro da empresa.
- **Gestão ativa**: Refere-se a maximizar o conhecimento da empresa sobre os funcionários e o conhecimento do funcionário sobre a empresa.
- **Planejamento ativo**: É necessário tornar explícitos os vínculos desempenho-carreira, bem como oferecer suporte pessoal e emocional e providenciar a sucessão de cargos.
- **Multidirecional**: Trata-se de maximizar o *feedback* de desempenho, promover uma cultura aberta, mas, ao mesmo tempo, tomar cuidado com os riscos, sobretudo no que concerne a organizações pequenas ou "fechadas".

Vale mencionar que um modelo descritivo identifica grupos de práticas que são comumente empregados nas organizações; já um modelo normativo identifica o que deve ser usado. Um estudo que tencionava avaliar a relevância de práticas de carreira expandiu o número de dimensões de duas para seis, sua base argumentativa eram as percepções de líderes, sobre as quais foram identificadas várias práticas de PCC caracterizadas em seis dimensões, quais sejam:

1. **Envolvimento:** Variação de um nível de envolvimento organizacional muito baixo até um muito alto; elemento necessário ao lidar com a prática de carreira.
2. **Sofisticação e complexidade:** De uma prática muito simplista a uma prática altamente sofisticada e complexa.
3. **Orientação estratégica:** De uma prática "tática" muito prática a uma prática muito estratégica.
4. **Focado no desenvolvimento:** Variação de baixa a alta relevância para o desenvolvimento de indivíduos.
5. **Foco na tomada de decisão organizacional:** Variação de baixa a alta relevância da prática para auxiliar na tomada de decisão organizacional.
6. **Inovador:** De uma prática muito tradicional ou convencional a uma prática inovadora e pouco ortodoxa.

As práticas de carreira não devem ser discutidas isoladamente, como se fossem um conjunto de práticas dissociadas, mas sim planejadas e administradas de maneira conjunta. Convém que um sistema seja projetado para atender às necessidades e aos requisitos tanto do indivíduo quanto da organização. A gestão de recursos humanos, se profissional e eficaz, garante que o sistema de carreiras opere de maneira abrangente e altamente integrada.

Aplicar um nível duplo de integração é necessário para alcançar um uso adequado e ideal das práticas de carreira. Esses níveis são a **integração interna** entre as várias práticas, a **integração externa** entre o conjunto de práticas (ou seja, o sistema de carreiras) e a **cultura e estratégia organizacional**. As integrações interna e externa devem ser conduzidas pela estratégia da organização, pois é ela que delimita as principais decisões de negócios. Por exemplo, a decisão de se internacionalizar ou permanecer dentro das fronteiras nacionais tem implicações para as práticas de carreira, visto que essa estratégia requer políticas e práticas relacionadas à expatriação e repatriação.

A integração interna está ligada à combinação entre as várias práticas de carreira, um ajuste extremamente necessário. Assim, um sistema de avaliação de desempenho eficaz deve ser associado a outras práticas de PCC. As contribuições da mentoria, por exemplo, influenciam a adoção de outras práticas, como *workshops*. Já na integração externa, os sistemas de carreira que melhor se adaptam à organização dependem da estratégia operacional de toda a empresa. O sistema de carreira deve ser desenvolvido de acordo com os objetivos e as necessidades do negócio. A cultura organizacional pode ajudar na formação das práticas de carreira e sua utilização, e, de forma complementar, as práticas de gestão de carreira podem auxiliar na reformulação da cultura organizacional.

Com a globalização das relações, a carreira sem fronteiras ganhou espaço, e esse cenário motivou a elaboração de novos contratos psicológicos, gerando efeitos profundos na gestão de carreiras. Grande parte do fardo do planejamento e gerenciamento de carreira passou da organização para o indivíduo, pois, agora, espera-se que os indivíduos moldem seu próprio futuro. O envolvimento da organização também varia de acordo com a população-alvo (por exemplo, seu nível educacional, profissionalismo e proatividade).

Exercício resolvido

Planejar é mais do que estabelecer metas para o futuro. Trata-se de uma ação que auxilia a organização e seu capital humano a evoluírem com base na observação das condições atuais. O planejamento da carreira organizacional auxilia no processo de retenção de talentos. Sobre isso é correto afirmar:

- e) Com o advento da globalização, as carreiras podem ser pensadas para além do âmbito nacional.
- f) O modelo de planos escritos está em desuso. Assim, as organizações devem criar aplicativos funcionais.
- g) A promoção de *workshops* é de competência exclusiva do setor de recursos humanos.
- h) O giro de pessoal contribui para a diversificação organizacional.

Gabarito: a.

As carreiras organizacionais, em regra, são pensadas no cenário nacional. Todavia, diante de ambientes cada vez mais globalizados e competitivos, elas podem ser vistas em uma perspectiva transnacional.

Quanto à aposentadoria (tema que será tratado mais adiante), os programas de preparação são direcionados a uma população-alvo de funcionários em vias de se aposentar e, com isso, deixar a organização. Nesses programas, o empregado é preparado para enfrentar a aposentadoria de várias maneiras, e há um debate intenso sobre aspectos financeiros, como a compreensão das condições de aposentadoria e o aprendizado dos regulamentos fiscais.

No entanto, os programas mais eficazes também levam em consideração questões psicológicas que envolvem as necessidades de um indivíduo se readaptar à vida sem executar cotidianamente uma função. Também é verdade que, com o advento de grandes demissões (reduções de pessoal ou dispensas), menos pessoas estão deixando o local de trabalho na idade legal da aposentadoria. Como resultado, os programas tradicionais de pré-aposentadoria podem se tornar muito raros no futuro. Assim, as organizações progressistas podem optar por transformar o programa de pré-aposentadoria em um **programa de pré-redundância**.

5.5 Planejamento pessoal de carreira

Há pouco tempo, as pessoas passavam a maior parte de suas vidas profissionais em somente uma organização. Após a Segunda Guerra Mundial, porém, essa lealdade aos empregadores começou a declinar gradualmente, aumentando as oportunidades de emprego. Na década de 1980, os jovens que iniciaram suas carreiras nos Estados Unidos mudaram de emprego em média seis vezes.

Os processos em curso no mundo moderno fomentaram a mobilidade dos trabalhadores, que foram guiados por novos princípios e interesses. Ninguém que entra em um emprego pensa em se aposentar nele. Depois de adquirir certo nível de conhecimento e habilidades, a maioria dos profissionais busca outras oportunidades; assim, comumente todos começam como especialistas em determinada organização e se deparam, fora dali, com um possível crescimento. Isso, é claro, depende das qualidades do indivíduo, mas, não se pode negar, também de algumas condições objetivas da organização, que limita ou oferece condições de crescimento na carreira. Quando tem a oportunidade de se desenvolver, a pessoa tende a alcançar, tendo em vista sua motivação, altos resultados de trabalho, bem como desenvolver seu potencial e identificar aspirações de autorrealização.

A falta de uma atitude positiva em relação ao desenvolvimento da carreira dos colaboradores resulta em prejuízos para a organização, como perda de bons colaboradores. As organizações precisam dar importância aos recursos humanos, pois seu desenvolvimento significa alcançar objetivos de longo prazo. Uma das formas de atingir satisfação mútua entre empregadores e empregados é planejar a carreira de recursos humanos.

O planejamento de carreira é um processo no qual habilidades pessoais, qualidades, conhecimento, motivação e outras características são atualizadas. Informações sobre oportunidades e escolhas de trabalho são coletadas; metas específicas são definidas por meio de um plano que visa ao sucesso na carreira. Um planejamento de carreira adequado baseia-se na definição de objetivos profissionais, como nos cargos futuros que uma pessoa aspira no caminho de sua carreira. Para alguns profissionais, a movimentação entre essas posições envolve o desenvolvimento de planos e estratégias preliminares; outros, confiam na sorte, mas, embora ela ajude em alguns casos, a formação adequada, a experiência, as habilidades e o desenvolvimento orientado são condições-chave para a formação de uma carreira de sucesso.

Logo, essas premissas são fundamentais para a realização dos objetivos traçados no campo do desenvolvimento profissional. Uma pessoa que faz um plano para atingir seus objetivos de carreira tem maiores chances de obter êxito. Todo esse processo formativo auxilia a percepção dos indivíduos quanto a seu potencial e a suas habilidades particulares, de modo a ficarem mais satisfeitos, pois, graças ao planejamento, podem atingir os objetivos traçados.

De acordo com o chamado *modelo em forma de cone*, a carreira se desenvolve em três direções:

1. **vertical**: ao levantar-se e abaixar-se;
2. **radial**: ao aumentar ou diminuir o volume de responsabilidades;
3. **periférico**: ao mover-se para outra área funcional.

Portanto, é um processo que ocorre na organização e, sob sua ótica, o planejamento de carreira dos colaboradores aumenta a motivação e reduz a rotatividade. Ao promover atividades de planejamento de carreira, a organização diminui o desejo dos funcionários de deixá-la. O simples fato de demonstrar preocupação com a carreira de seus colaboradores tem um efeito positivo sobre eles, pois estes entendem que fazem parte de um plano integral de desenvolvimento da empresa.

As principais atividades da gestão de recursos humanos, tais como avaliação, treinamento e qualificação de pessoal, planejamento das necessidades de recursos humanos etc., apresentam dois focos principais: (1) o tradicional, no qual essas atividades servem à organização sobretudo para o recrutamento de pessoal, isto é, para atender às necessidades de preenchimento do quadro de funcionários com profissionais qualificados; e (2) o do planejamento e desenvolvimento de carreira, em que as principais atividades de gestão humana servem para satisfazer aos interesses de longo prazo dos funcionários, de modo a aumentar sua motivação e estimular o desenvolvimento de seu potencial. Por conseguinte, o planejamento, o treinamento e as qualificações são fundamentais para o processo de planejamento de carreira.

O planejamento de pessoal, por exemplo, pode ser usado não apenas para prever as necessidades de mão de obra, mas também para preencher vagas com candidatos em potencial. Da mesma forma, a avaliação periódica dos empregados serve não só para determinar sua remuneração, mas também para fornecer informações sobre as necessidades de desenvolvimento e qualificação dos colaboradores; por isso, é utilizada em planos de desenvolvimento individual. Em outras palavras, todas as atividades de gestão de pessoas atendem às necessidades da organização e de seus funcionários. A organização ganha quando tem a contrapartida de um melhor desempenho dos funcionários; os funcionários são igualmente beneficiados quando veem em seu horizonte uma carreira mais rica e desafiadora.

5.6 Modelos de planejamento de carreira

Existem muitos modelos que podem ser usados durante o planejamento de carreira.Listamos os principais na sequência.

MODELO DA WATERLOO UNIVERSITY
Apesar de denominado *modelo Waterloo* e seu principal sujeito de ação ser o candidato, ele pode ser utilizado pelo setor de recursos humanos para verificar se o indivíduo tem certeza de suas escolhas a longo prazo. Expomos, na figura a seguir, os componentes desse modelo.

Figura 5.3 – **Modelo Waterloo**

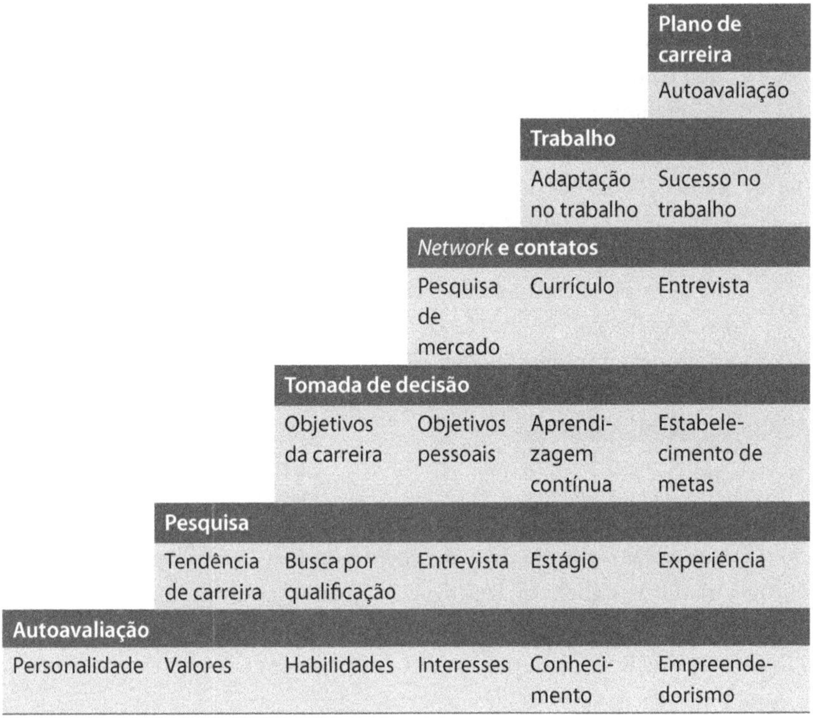

					Plano de carreira	
					Autoavaliação	
				Trabalho		
				Adaptação no trabalho	Sucesso no trabalho	
			Network **e contatos**			
			Pesquisa de mercado	Currículo	Entrevista	
		Tomada de decisão				
		Objetivos da carreira	Objetivos pessoais	Aprendizagem contínua	Estabelecimento de metas	
	Pesquisa					
	Tendência de carreira	Busca por qualificação	Entrevista	Estágio	Experiência	
Autoavaliação						
Personalidade	Valores	Habilidades	Interesses	Conhecimento	Empreendedorismo	

Modelo de planejamento de carreira Sodi

Dada a complexidade do desenvolvimento de carreira e a fluidez do mundo do trabalho, é preciso ser capaz de navegar pelas trajetórias de carreira com propósito e clareza.

Martins (2001) concebeu um modelo simples de educação profissional que resistiu ao teste do tempo. Esse modelo foi ligeiramente alterado para se tornar um planejamento de carreira, em vez de mais um modelo de educação de carreira. Nomeado Sodi em virtude de seus componentes, seu último elemento é implementação, em lugar de aprendizagem de transição; e a aprendizagem de decisão passou a ser designada como tomada de decisão e planejamento. Esse modelo abarca quatro conceitos centrais:

1. **Autoconsciência:** O indivíduo conhece e compreende seu desenvolvimento pessoal. A autoconsciência em um contexto de carreira envolve uma compreensão dos tipos de recursos pessoais (reais e potenciais) que cada um pode introduzir no mundo do trabalho.
2. **Conscientização de oportunidades:** Compreensão das estruturas gerais do mundo do trabalho, incluindo possibilidades de carreira e caminhos alternativos.
3. **Tomada de decisão e planejamento:** Percepção sobre como tomar decisões de carreira e estar ciente das pressões, influências, estilos, consequências e definição de metas.
4. **Planos de implementação:** Nível de habilidade apropriado em uma variedade de áreas a fim de traduzir o planejamento de cargos e carreiras em realidade.

Modelo interrogativo

O desenvolvimento de carreira corresponde a uma série de atividades destinadas a estabelecer, desenvolver, enriquecer e obter sucesso ao longo da trajetória profissional. Para se construir um planejamento, é fundamental iniciar com alguns questionamentos e elaborar o passo a passo, incluindo os pontos listados a seguir:

1. Avaliar as opções

    Primeiramente, o indivíduo precisa identificar qual é sua carreira certa. Para tanto, tem de refletir a respeito de seus interesses e pontos fortes e considerar a importância de fatores como salário, cultura da empresa, horário de trabalho e tempo de deslocamento.

2. Compor uma lista de suas habilidades, aptidões e experiências

    Esse exercício não só ajuda a pessoa a entender o próprio plano de carreira, mas também a descobrir se está suficientemente qualificado para seguir determinado caminho. Identificar as áreas desconhecidas permite ao sujeito, caso deseje ingressar em alguma delas, planejar futuras ações de treinamento e desenvolvimento.

3. Detectar suas habilidades sociais para definir suas metas

    É imprescindível estabelecer metas e ações. Depois de escolher o caminho de sua carreira, a pessoa precisa delimitar algumas metas que o ajudarão a decidir quais ações realizar, que podem ser de curto e longo prazo, grandes ou pequenas.

4. Metas e prazos

    Definir prazos para cada uma de suas metas motiva o profissional a seguir adiante. Quer se trabalhe com datas exatas, quer se tenha à disposição uma escala de tempo mais ampla (por exemplo, determinado mês), adicionar essa prática a seu plano de carreira insere seus objetivos em um contexto realista, mantendo-o ativo na busca de cumprir seus prazos.

5. Avaliação contínua

    Um plano de carreira não é uma solução completa. Para ter certeza de que seus objetivos estão atualizados, é importante a pessoa verificar novamente e sempre, pois, além de acompanhar seu progresso, ela poderá fazer alterações se as circunstâncias mudarem.

Exercício resolvido

Apesar de, no senso comum, o ato de planejar estar ligado apenas aos cargos de *staff*, todos os entes organizacionais podem auxiliar nesse processo e contribuir para sua eficácia. O planejamento de carreira pode ser realizado pela organização como um todo e por cada profissional individualmente. Com relação a esse tema, é correto afirmar que:

i) a construção do planejamento de carreira exige que se reflita sobre as reais habilidades, aptidões e experiencias acumuladas.
j) as habilidades são secundárias na construção de um planejamento de carreira.
k) as habilidades a serem adquiridas são o alicerce para a construção do plano de carreira.
l) o conjunto de habilidades pode ser desvirtuado, visto que o objetivo final é garantir o novo posto de trabalho.

Gabarito: a.

É fundamental que o sujeito tenha uma visão crítica sobre suas habilidades e, principalmente, sobre os critérios exigidos pela vaga que almeja, a fim de ratificar a compatibilidade entre suas competências e as necessidades organizacionais.

Síntese

- O planejamento corresponde a um conceito de ação executiva que incorpora as habilidades de antecipar, influenciar e controlar a natureza e a direção da mudança.
- Nas últimas décadas, o desenvolvimento de carreira sofreu alterações em sua abordagem. Tradicionalmente, cabia a uma organização garantir que seus funcionários cultivassem as habilidades necessárias para cumprir as metas de longo prazo da empresa.
- Atualmente, os planos de carreira buscam reter talentos a fim de economizar e aprimorar suas atividades.
- Um plano de carreira é um instrumento que estimula os colaboradores a buscar melhorias na execução das suas atividades e uma melhor qualificação.
- O planejamento de carreira deve ser executado conjuntamente, pois é de responsabilidade da organização e de cada funcionário em particular.

6 Empregabilidade

Conteúdos do capítulo

- Conceito de empregabilidade.
- Noções sobre o encerramento de carreira.
- A importância do planejamento pessoal para o fim da carreira.
- Impactos do fim da carreira para organização.

Após o estudo deste capítulo, você será capaz de:

- conceituar empregabilidade;
- identificar as formas de planejar o fim da carreira;
- mensurar o impacto do fim da carreira para o empregado.

Neste capítulo, trataremos de questões específicas sobre empregabilidade na construção de um plano de carreira. Veremos que o emprego não se confunde com a categoria profissional exercida, apesar de manterem uma íntima ligação.

Além disso, esclareceremos as etapas que conduzem ao fim da carreira, pois tão fundamental quanto o planejamento no início da carreira é a preparação para o término das atividades laborais.

6.1 Evolução histórica da empregabilidade

Embora o termo *empregabilidade* esteja em destaque desde a década de 1990, ele não é exatamente novo; seus primeiros registros datam de 1950. Em publicações das décadas de 1950 e 1960, a empregabilidade serviu, sobretudo, a um propósito econômico: alcançar o pleno emprego. Naqueles tempos de prosperidade econômica, isso estava intimamente ligado ao incentivo aos desempregados desfavorecidos a participar do mundo do trabalho. As principais variáveis explicativas foram fatores relativos à atitude, como a atitude perante o trabalho e a autoimagem. As intervenções governamentais, cujo objetivo era estimular a entrada no mercado de trabalho, foram importantes para a promoção da empregabilidade.

No início dos anos 1970, a situação econômica mudou. Agora, tendo em vista o aumento cada vez maior do desemprego, o principal objetivo da empregabilidade e da política de promoção, embora ainda fosse alcançar o pleno emprego, estava voltado a aspectos como conhecimento e habilidades, cujas variáveis tornaram-se uma necessidade econômica para que os funcionários fossem mais "empregáveis".

Na década de 1980, a atenção ficou restrita ao nível da empresa; publicavam-se inúmeros artigos sobre como as organizações poderiam lidar com as mudanças constantes a que estavam expostas. O termo *empregabilidade* também teve um lugar nesse debate, sendo considerado um meio de alcançar flexibilidade dentro das organizações. Nessa perspectiva, empregabilidade significava flexibilidade funcional de funcionários. Assim, deixou de ser abordada como instrumento do mercado de trabalho para se tornar uma ferramenta de recursos humanos com vistas a otimizar a implantação de pessoal nas empresas. Mas, já ingressando na década de 1990, o centro da atenção voltou a ser a empregabilidade como dispositivo do mercado de trabalho.

Todavia, cabe retornar para as décadas de 1960 e 1970, contextos em que a empregabilidade era tomada como um elemento importante não só para indivíduos desempregados, mas para toda a população ativa. Isso porque era considerada uma alternativa à segurança no emprego, isto é, não se tratava apenas de estimular a entrada no mercado de trabalho, mas também de garantir possibilidades de carreira dentro e para além das fronteiras das organizações. Nesse momento, a literatura sobre empregabilidade concentrava-se principalmente na capacidade de o indivíduo manter um emprego no mercado de trabalho interno ou externo. O indivíduo, e não os órgãos governamentais ou o empregador, é apresentado como o ator principal. Portanto, a empregabilidade criou um "novo" contrato psicológico entre empregadores e empregados, em que caberia aos funcionários assumir a responsabilidade por sua própria carreira. Em troca, o empregador ofereceria pleno apoio para expandir a empregabilidade.

Esse breve retrospecto histórico mostra as mudanças de ênfase quase sequencialmente, mas é bom lembrar que, na realidade, essas alterações não ocorrem de maneira linear. Por um lado, na década de 1950 já existiam autores que aliavam a empregabilidade a grupos desfavorecidos no mercado de trabalho. A expressão *empregabilidade individual* foi introduzida em seus modelos de rotatividade voluntária. Por outro lado, na literatura mais recente, a empregabilidade concentra-se tão somente em conduzir os desempregados para o mercado de trabalho. Logo, a empregabilidade pode servir a uma variedade de finalidades, sobretudo como indicador de chances de trabalho. Nesse sentido, *trabalho* pode ter três significados distintos:

1. Trabalho no sentido do emprego do ponto de vista social e, acima de tudo, governamental. Nesse caso, a empregabilidade é um indicador de chance de pleno emprego.
2. Trabalho no sentido de contratação de funcionários, ou seja, do ponto de vista da organização. Para um empregador, a empregabilidade

indica a possibilidade de correspondência entre oferta e demanda de trabalho.

3. Trabalho no sentido de um emprego atraente do ponto de vista do indivíduo; a empregabilidade é um indicador da chance de um novo emprego ou de constituição de uma carreira.

Os vários objetivos estão, obviamente, interligados. Por exemplo, pleno emprego só é possível se cada membro da população ativa tiver oportunidade de emprego. Na literatura recente, a empregabilidade é examinada principalmente a nível individual.

O conceito de empregabilidade é um mosaico complexo, de interpretação ampla. No entanto, isso não significa, necessariamente, que o pleno emprego não permaneça uma questão a ser solucionada. Empregabilidade está, para além da disponibilidade de emprego, na garantia e manutenção deste. Assim, deve ser pensada não apenas como um interesse do sujeito, mas de toda a organização.

6.2 Empregabilidade: aspectos conceituais

A fim de dar sequência a esta abordagem, adotaremos de ora em diante a seguinte definição para *empregabilidade*: conjunto de realizações – habilidades, aptidões, conhecimentos e atributos pessoais – que torna os indivíduos mais propensos a obter emprego e sucesso nas ocupações que escolherem, em benefício de si próprios, da força de trabalho, da comunidade e da economia. Logo, tal conceito extrapola o âmbito da conquista de um emprego, visto que se refere a um conjunto mais amplo de habilidades e atributos que permitem aos indivíduos, muitos deles graduados, ter sucesso ao longo da vida profissional.

Desse modo, a empregabilidade desempenha um papel crucial na formação política do mercado de trabalho. Assim, foi implantada para descrever os objetivos das estratégias econômicas promovidas por instituições supranacionais importantes no mercado de trabalho, em nível nacional, regional e local.

A empregabilidade emergiu como um princípio central da chamada *política da terceira via*: uma pedra angular do novo trabalho de abordagem da política econômica e social. Apesar ou talvez em razão de sua onipresença, a empregabilidade continua a ser usada em inúmeros contextos. Dessa maneira, o conceito está relacionado ao trabalho e à capacidade de obter um emprego inicial. Daí o interesse em garantir que competências-chave, conselhos sobre carreiras e uma compreensão sobre o mundo do trabalho estejam incorporados ao sistema educacional.

A manutenção do emprego e as transições entre cargos e funções dentro de uma mesma organização visa atender aos novos requisitos de trabalho. Trata-se da capacidade de obter um novo emprego, se necessário, apoiando-se, para tanto, em uma independência ante o mercado de trabalho, estando disposto a gerenciar suas próprias transições de emprego intraorganizacional e entre organizações. O uso otimizado de esforços tem como propósito cumprir, adquirir ou criar meios contínuos de trabalho.

Assim, a empregabilidade é tomada como a capacidade de um indivíduo conseguir um emprego satisfatório, afirmando que a aquisição de emprego não deve ser priorizada em relação à preparação para o emprego, a fim de evitar essa pseudomedida de empregabilidade individual. Sob essa perspectiva, a empregabilidade não é um conjunto de habilidades, mas uma gama de experiências e atributos desenvolvidos por meio da aprendizagem de nível superior; portanto, a empregabilidade não é um "produto", mas um processo de aprendizagem.

A empregabilidade continua a se desenvolver porque o graduado, uma vez empregado, não para de aprender (ou seja, está em aprendizado contínuo). Assim, empregabilidade, por definição, significa aprender não apenas por aprender, mas para exercitar um lugar de cidadão crítico-reflexivo. Essa noção é cara ao nosso entendimento porque enfatiza a empregabilidade dos graduados, o que permite mensurá-la e compará-la com a dos indivíduos experientes no mercado de trabalho. Assim, empregabilidade se refere à percepção de um indivíduo sobre suas possibilidades de conseguir um emprego novo, sendo igual ou melhor.

No Brasil, uma estrutura de competências de empregabilidade foi desenvolvida por meio da colaboração de empregadores, educadores, associações de recursos humanos e associações do mercado de trabalho. Esse quadro apresenta as competências gerais de empregabilidade, necessárias para o sucesso no mercado de trabalho em todos os níveis de emprego e em todos os setores. Uma vez que o emprego vitalício dentro da mesma organização não é mais uma prerrogativa, a segurança empregatícia deve ser protegida de outras maneiras. Embora, *empregabilidade* tenha se tornado uma palavra da moda na literatura organizacional, ainda não há um consenso sobre seu significado.

Há pouco tempo, subir a escada hierárquica dentro da mesma organização era a forma mais comum e preferida de fazer carreira. Durante as últimas décadas, no entanto, o emprego vitalício em uma mesma organização sofreu variadas pressões, alterando a relação entre empregadores e profissionais. A conclusão de que o emprego vitalício deixou de ser uma prerrogativa inspirou a busca por novos conceitos de carreira. *Carreiras proteanas, pós-nômades modernos* e *carreiras sem fronteiras* são apenas algumas denominações que indicam uma caminhada cada vez menos previsível na carreira. Embora alguns possam considerar essa nova situação um modo de desatar as mãos de seu empregador, outros estão mais preocupados com a perda de segurança no emprego, isso não deve ser motivo de desespero, pois, na falta da manutenção de um emprego vitalício, a segurança empregatícia deve ser protegida de outras formas.

Uma carreira de sucesso acredita-se assegurada por apresentar as capacidades adequadas para ser continuamente empregável no mercado de trabalho interno e externo. No entanto, torna-se cada vez mais difícil fazer afirmações sobre a empregabilidade como um novo mecanismo para a proteção do mercado de trabalho haja vista a imprecisão do conceito, sendo absolutamente necessário buscar uma compreensão mais precisa acerca de tal noção.

A empregabilidade de indivíduos pode aplicar-se ao mercado interno, dentro das organizações (empregabilidade interna), ou externo (empregabilidade externa). Mesmo que certas definições tenham aproximado as duas situações, elas geralmente apresentam dimensões distintas. A empregabilidade, quanto às características individuais, pode ser mensurada por grupos de pesquisa que se concentrem na capacidade de cada indivíduo de encontrar e manter um emprego, bem como em suas atitudes ou vontades particulares, dimensão que também pode ser incluída na pesquisa sobre empregabilidade.

Alguns autores, porém, não se limitam ao indivíduo, mas estendem suas pesquisas para outras áreas. Minarelli (1995), por exemplo, inclui em seu estudo sobre empregabilidade interna a procura de mão de obra do empregado. O pesquisador define a demanda do empregador por mobilidade como as possibilidades observadas pelo funcionário para realizar várias tarefas ou mover-se em diferentes posições na organização. Minarelli (1995) considera a ausência de condições e possibilidades do empregador o principal fator limitante no desenvolvimento de carreira.

Entretanto, há estudiosos que analisam a posição do profissional no mercado de trabalho a fim de mensurar sua empregabilidade, isto é, não levam em conta apenas se o indivíduo tem um emprego, mas também a qualidade desse trabalho, contemplando, ainda, fatores como ligação e grau de crescimento.

Um último grupo de pesquisadores enfoca a promoção da empregabilidade atrelada a atividades. Eles estudam até que ponto os indivíduos participam de atividades como treinamento, enriquecimento de tarefas, entre outras.

Logo, aspectos que são altamente considerados por um grupo na definição e na medição da empregabilidade podem ser desconsiderados por outro, ou apenas caracterizar antecedentes ou efeitos da área.

Em busca de categorizar essas definições, Bertoni (2000) observa uma estratificação nas definições que permitem classificá-las em: central, ampla e abrangente.

Na definição **central**, a empregabilidade é descrita como a aptidão pessoal para realizar trabalhos. O foco está na empregabilidade real das pessoas. Empregabilidade, portanto, é a capacidade individual de cumprir uma variedade de funções em determinado mercado de trabalho.

A **ampla** abrange não apenas a empregabilidade real, mas também as capacidades individuais para valorizar e aproveitar a empregabilidade dada. Além de capacidade, estão em jogo a vontade de usar e aumentar a empregabilidade. Assim, empregabilidade é descrita como todos os fatores individuais que influenciam o posicionamento futuro em certo segmento do mercado de trabalho.

Já a **abrangente** inclui fatores relacionados ao contexto que promove ou inibe o uso eficaz da empregabilidade. Em primeiro lugar, diz respeito a contextos e fatores relacionados e que ajudam a aumentar a empregabilidade, como instalações de treinamento fornecidas pelos empregadores. Em segundo, trata-se de fatores que contribuem para determinar se os indivíduos podem realmente usar sua empregabilidade no mercado de trabalho, como a situação econômica do mercado ou a discriminação de certos grupos. Em suma, a chance de um emprego só pode ser estimada quando os fatores dentro de um contexto são considerados.

Nesse sentido, a empregabilidade não é apenas uma característica individual que pode ser definida apenas pela capacidade e pela disposição de um indivíduo. Logo, não é uma característica estática, mas assume um caráter relacionado ao tempo e ao lugar de ocorrência. Alguém que tenha encontrado dificuldade de se encaixar no mercado de trabalho pode, em outro momento/lugar, ser altamente empregável, pois essa condição resulta de mudanças tanto nas características pessoais quanto nos requisitos exigidos. Desse modo, a empregabilidade é uma combinação de vários componentes e está constantemente sujeita a alterações.

A posição no mercado de trabalho varia de empregado, desempregado, estudante e inativo. A posição atual do mercado de trabalho dá uma ideia das oportunidades disponíveis, podendo ser usada como um ponto de referência para a avaliação de futuras transições. A transição pode melhorar a situação, piorá-la ou manter o *status quo*. A posição atual do mercado de trabalho pode influenciar as oportunidades futuras dentro dele, por exemplo, pessoas que estão desempregadas há muito tempo podem perder certos conhecimentos e certas habilidades, o que pode diminuir ainda mais suas chances de emprego. Funcionários que realizam o mesmo trabalho por anos também podem diminuir suas chances de melhorar sua situação no mercado. Logo, não é difícil perceber que a posição no mercado pode, claramente, influenciar o capital de movimento.

Ademais, a literatura sobre empregabilidade destaca que características motivacionais podem influenciar as chances de um indivíduo no mercado de trabalho interno e no externo. As competências que determinam o capital de movimento de uma pessoa são difíceis de identificar e medir com precisão. É por isso que outros indicadores são geralmente usados para avaliar a habilidade de um indivíduo.

Pesquisas de empregabilidade abordam características da história da carreira, incluindo, entre outros fatores, o tempo médio gasto em cada trabalho, os anos de trabalho em empresas anteriores e na atual. Esses detalhes de anos de serviço fornecem uma indicação da experiência de trabalho que um indivíduo adquiriu. No entanto, não existe nenhuma unanimidade sobre como a história da carreira pode influenciar empregabilidade futura. As carreiras anteriores de cada indivíduo definem seu grau de especialização e diversidade. Costuma-se supor que aqueles que permanecem por muito tempo no mesmo trabalho reduzem suas futuras oportunidades de carreira porque se tornam demasiadamente especializados em dada função.

A relação entre estabilidade e capacidade é difícil de ser avaliada. Além do histórico de carreira, o de treinamento pode ser igualmente um sinal das capacidades de um indivíduo, pois fornece uma imagem das atividades já desempenhadas por ele com vistas a aumentar seu capital de movimento. Nesse sentido, os empregadores podem selecionar ou descartar candidatos com base nas características individuais ou grupais. Sua escolha pode estar baseada em sinais estereotipados de certas habilidades. Esses sinais, como se vê, influenciam os empregadores na tomada de decisão, mesmo que sejam pautados em informações imprecisas. Isso explica, em parte, a posição desfavorável de alguns grupos, como mulheres e minorias, no mercado de trabalho.

Na literatura brasileira, em particular, muita atenção é dada à empregabilidade dos chamados *grupos desprivilegiados*, de que são exemplos mães solteiras, jovens, idosos, pessoas com deficiência, mulheres e grupos étnicos minoritários. Grande parte dessa literatura concentra-se na formulação de políticas e recomendações para fortalecer a posição desses indivíduos no mercado de trabalho. No entanto, características como idade, sexo e situação familiar são frequentemente variáveis de empregabilidade. Alguns exemplos de recursos comportamentais são: independência, necessidade de crescimento, abertura para experiências, convivência com colegas de trabalho e flexibilidade. As capacidades comportamentais são medidas por meio das percepções dos indivíduos (autoeficácia), ou seja, correspondem à sua crença nas possibilidades de realizar com sucesso certas tarefas. No contexto da empregabilidade, a autoeficácia no trabalho também é um objeto de estudo.

À percepção do indivíduo, Minarelli (1995) acrescenta a percepção do supervisor imediato em sua medição, citando cinco dimensões ou escalas da experiência profissional, que mensuram as capacidades técnicas (por exemplo, a dimensão do conhecimento) e as capacidades comportamentais (como crescimento e flexibilidade).

1. **Dimensão do conhecimento:** Mede o conhecimento do indivíduo em certa área especializada.
2. **Dimensão metacognitiva:** Mede a autopercepção ou autoconsciência.
3. **Dimensão de habilidades:** Consiste em medir as habilidades dos indivíduos para realizar seus deveres.
4. **Aquisição de reconhecimento social:** Mede as habilidades sociais do indivíduo.
5. **Crescimento e flexibilidade:** Mede até que ponto o indivíduo é capaz de dominar mais de uma área de perícia.

A pesquisa de Minarelli (1995) mediu o nível de experiência profissional por meio de dois questionários. O primeiro continha autoavaliações de experiência profissional e tinha de ser preenchido por cada funcionário individualmente. O segundo, embora muito semelhante ao primeiro, era preenchido pelo supervisor imediato. Para as outras dimensões, foram utilizadas as avaliações feitas pelo supervisor. Consequentemente, a medida de experiência profissional pode ser mais precisa do que a mais subjetiva das medidas de autoeficácia. No entanto, a relação entre o supervisor e o funcionário pode influenciar a pontuação. Pode ser interessante levar em conta o grau de discrepância entre o significado do funcionário e do supervisor na medição.

Embora muitas pesquisas de empregabilidade incluam variáveis motivacionais em seus estudos, poucas consideram as expectativas de carreira. A maioria delas apenas atenta para a participação em atividades que aumentam a empregabilidade ou demovam empregos. Minarelli (1995) propõe o chamado *modelo âncora* de carreira como um medidor de variáveis entre abertura à experiência e à orientação para a empregabilidade. A pesquisa contempla a disposição de ser geograficamente móvel. Isso também se refere a uma das âncoras de carreira, nomeadamente a *estabilidade geográfica*. Embora o capital de movimento possa ser considerado um componente central no processo de empregabilidade, ele é um dos mais difíceis de medir.

Alguns modelos de competência também fazem distinção entre capacidades técnicas, capacidades comportamentais e expectativas de carreira com vistas a mapear as competências de um indivíduo. O modelo âncora já provou ser um bom indicador de expectativas de carreira. A dificuldade está em encontrar alguns bons indicadores para medir a capacidade.

O capital de movimento pode influenciar as alternativas disponíveis no âmbito interno e externo do mercado de trabalho, ou a facilidade de circulação. A facilidade de circulação refere-se ao conceito de *facilidade de movimento*, que abarca a percepção individual das alternativas disponíveis no mercado de trabalho interno e/ou externo, a qual pode ser baseada em apenas um sentido, como em uma oferta de emprego concreta. Heijden (2002) mede a empregabilidade por meio da percepção do indivíduo e de sua chance de mudar para uma posição superior ou igual em 5 anos.

A facilidade de movimento é limitada por fatores externos ou contextuais, como as características do mercado de trabalho externo, a disponibilidade de empregos e as organizações visíveis. Eles indicam que o contexto tem um impacto significativo nas opções disponíveis. Além da disponibilidade de empregos, faz-se referência aos mecanismos de seleção no mercado de trabalho. Afinal, cabe reiterar, as empresas podem selecionar ou descartar candidatos com base em características individuais ou grupais. Com um dado capital de movimento em determinado contexto temporal e espacial, as alternativas de movimento estão disponíveis.

A pesquisa de empregabilidade de Bertoni (2000) aponta que a literatura sobre esse tema reconhece que condições contextuais podem ser significativas, mas isso se efetiva em poucas pesquisas empíricas. Ao calcular a pontuação de empregabilidade, Minarelli (1995) contempla a demanda do empregador. No entanto, essa medida é tomada apenas com base na percepção do funcionário. Por isso, alguns pesquisadores desenvolveram um índice de empregabilidade por setor. Os requisitos de empregabilidade no setor são deduzidos de áreas como tecnológica, econômica, demográfica e de desenvolvimento organizacional por setor.

Estudos que têm como foco as transições entre o desemprego e o emprego como um indicador de empregabilidade, muitas vezes também introduzem alguns aspectos e fatores estruturais em suas análises econômicas, ressaltando o número de empregos disponíveis. Um possível indicador da situação econômica no mercado de trabalho externo poderia ser o nível de desemprego. Os empregos disponíveis no mercado interno de trabalho são mais difíceis de medir com base em somente um indicador. A pesquisa em cadeias de vacância mostra qual organização estrutural e/ou de características podem influenciar as oportunidades de carreira em uma organização.

Por fim, cabe ressaltar que, normalmente, é feita uma distinção da empregabilidade em quatro fatores:

1. taxa de crescimento da organização;
2. número de empregos nos vários níveis da hierarquia;
3. tempo médio de serviço nos vários níveis da hierarquia; e
4. proporção entre o recrutamento interno e externo.

Exercício resolvido

Ao longo dos anos, o conceito de emprego foi dando lugar a novas formas de compreender o capital humano dentro de uma organização. Nesse sentido, a empregabilidade tornou-se uma noção fundamental para a construção do plano de carreira, estando conectada ao contexto organizacional e pessoal. Sobre a empregabilidade é correto afirmar que:

a) está dissociada da construção de planos efetivos.
b) independe dos setores da organização.
c) dispõe recursos humanos com abrangência secundária.
d) preocupa-se com fatores atrelados ao emprego de forma externa e interna.

Gabarito: d.

A empregabilidade é um elemento fundamental para a evolução das organizações. Nesse sentido, preocupa-se com a construção de um plano efetivo, ao passo que valoriza os recursos humanos com uma visão interna e externa dos empregos.

6.3 Empregabilidade organizacional

Os segmentos do mercado de trabalho influenciam os indivíduos e suas futuras chances de carreira, visto que se distinguem um do outro e guardam características singulares. Essa diferença também está pautada no prazo de duração da relação de trabalho, se de curto, médio ou longo prazo, bem como na iniciativa do profissional de mudar de empregador, mas permanecer na mesma profissão ou continuar trabalhando na mesma empresa, mas em outro cargo, com outras atribuições.

As estruturas salariais relacionadas à idade são aplicadas com o intuito de melhorar a posição de cada colaborador no quadro organizacional. Uma possível tipologia de segmentação é a de Stinchcombe (1959), que distingue sete setores de negócios com base em suas características, sendo:

1. indústria primária tradicional;
2. indústria capitalista clássica;
3. indústrias competitivas com trabalhadores qualificados;
4. indústrias baseadas em engenharia, em grande escala, com trabalhadores e administração burocrática;
5. pequenos negócios e serviços competitivos;
6. serviços profissionais; e
7. serviços burocráticos.

Minarelli (1995) desenvolveu um plano de segmentação baseado em grupos profissionais no lugar de setores. Sob essa ótica, as posições no mercado de trabalho influenciam as oportunidades de emprego futuras; logo, esse modelo pode ajudar a explicar possíveis transições no mercado. Os conceitos de posição no mercado de trabalho, capital de movimento, facilidade de movimento e transição formam uma cadeia dinâmica. Afinal, uma transição significa uma nova posição e alteração em toda a cadeia, por vezes.

Algumas pesquisas medem a empregabilidade observando, justamente, as transições do mercado. Contudo, não há unanimidade sobre quais transições podem ser consideradas indicadores de empregabilidade. Um primeiro grupo pode conter, por exemplo, as transições entre empregos como um forte indicador de empregabilidade. Sob essa perspectiva, todos os que estão em uma posição buscam mantê-la como prova da empregabilidade, sendo que a qualidade do trabalho não é ponderada. Mesmo aqueles que são "rebaixados" de função são considerados empregáveis, desde que tenham algum emprego. Ainda, pesquisas sobre o impacto de atividades como treinamento nas transições do mercado de trabalho, muitas vezes, apenas analisam o efeito direto na mobilidade entre empregos, deixando de examinar a natureza ou o conteúdo do trabalho. Além disso, estudos que consideram a transição de desemprego para emprego como um indicador de empregabilidade estão alinhados a esse tipo de interpretação.

> **Para saber mais**
>
> Institucionalmente, a empregabilidade organizacional requer estudo constante. Assim, para saber mais sobre a gestão de trabalho e carreira e o plano de elaboração de carreira, leia o artigo indicado a seguir.
>
> COMIN, L. C.; PAULI, J. Gestão do trabalho e carreira nas organizações contemporâneas. In: MICIMED – MOSTRA DE INICIAÇÃO CIENTÍFICA E EXTENSÃO COMUNITÁRIA, 8.; MOSTRA DE PESQUISA DE PÓS-GRADUAÇÃO DA IMED, 7., 2014. **Anais...** Disponível em: <https://bit.ly/3og5Dtb>. Acesso em: 15 set. 2021.

Já, um segundo grupo pode levar em consideração a qualidade do trabalho, ou seja, não basta que o indivíduo encontre um emprego, mas que esse trabalho seja decente. Tal avaliação é feita com base em vários critérios, como o *status* (se empregado, desempregado ou estudante), questões mais relativas aos empregados, em que um conjunto de características formais são geralmente examinadas tais como o salário, o nível de cargo, o tipo de contrato, a possibilidade de promoção etc. Esses critérios, vale registrar, são derivados, em sua maioria, de modelos de carreira tradicionais, visto que o salário mais alto tende a coincidir com uma posição mais alta, que também pode ser lida como "melhor".

A empregabilidade dos graduados é avaliada com base no tipo de emprego que eles têm encontrado em certo período. Essa pesquisa analisa, por exemplo, se o trabalho valoriza o grau de graduado e se tem espaço para crescimento profissional. Uma noção mais ampla de trabalho gratificante leva em consideração, ainda, a carreira e as aspirações individuais. Aqueles que têm um trabalho que atende seus desejos demonstram maior empregabilidade. Vê-se que essa interpretação de empregabilidade aponta para a carreira interna ao definir o que constitui um emprego decente ou satisfatório.

A carreira interna é a ideia subjetiva de um indivíduo. A experiência de sucesso na carreira depende dessa definição. Apenas as transições para empregos que atendam aos desejos do indivíduo são consideradas indicativas de empregabilidade. Embora o debate sobre esse conceito coloque grande ênfase na responsabilidade individual, carreiras internas raramente são levadas em consideração na definição que constitui um emprego "decente" ou "satisfatório".

Uma interpretação ainda mais ampla focaliza cada transição voluntária do mercado de trabalho como indicador de empregabilidade. Na literatura de carreira, tem sido relevante as definições que se estendem para além da vida profissional. Desse ponto de vista, as carreiras são descritas como sequência de experiências relacionadas aos papéis desempenhados. Essa perspectiva vê a carreira como um processo vital com várias funções a serem cumpridas por um indivíduo e os possíveis conflitos que pode resultar disso.

A ideia que alicerça essa interpretação é que o mercado de trabalho funciona melhor se as pessoas estiverem mais capacitadas para transitar ou combinar várias posições dentro dele. Nesse caso, formas transitórias de emprego constituem uma alternativa ao desemprego, mas há quem defenda que o mercado de trabalho em transição é uma forma de garantir a empregabilidade. Sob essa ótica, uma parte da história da empregabilidade se perde quando estudadas apenas as transições *para* e *entre* empregos. Afinal, transições que tangenciam o mercado de trabalho também podem resultar em posições favoráveis para a empregabilidade futura, por exemplo, uma situação em que o sujeito deixa de trabalhar para obter um diploma.

Ainda que alguns estudiosos já defendam a ideia de que transições adicionais do mercado de trabalho auxiliam nos estudos sobre empregabilidade, ainda é raro incorporar essa noção em muitas pesquisas empíricas. A escolha das transições estudadas na pesquisa de empregabilidade depende do objetivo e de questões específicas suscitadas por cada estudo em particular. Pesquisas que consideram a empregabilidade importante para o pleno emprego concentram-se, muito provavelmente, na extensão do trabalho dos indivíduos. Já pesquisas que ponderam sobre oportunidades de carreira no mercado interno de trabalho têm em alta conta as características do emprego formal, como o nível do cargo ou tipo de contrato. Outras pesquisas que se concentram no novo contrato psicológico em que os indivíduos esboçam sua própria carreira também podem colocar em relevância a carreira interna. Contudo, pesquisas que focam a empregabilidade a longo prazo podem estar mais atentas a outras transições do que àquelas *para* ou *entre* empregos; isso porque o principal interesse pode ser estudar o impacto da empregabilidade sobre as oportunidades futuras no mercado de trabalho.

Além disso, o desejo de se mover pode atuar como um moderador. Essa vontade é influenciada, entre outras coisas, pelo número de alternativas e pela posição atual no mercado de trabalho, sobretudo quanto ao atendimento às expectativas de carreira. Em contraste com as expectativas de carreira, a disposição para se mover é frequentemente estudada em pesquisas de empregabilidade, principalmente em estudos que analisam a disposição para aceitar outro emprego, um novo empregador ou a alteração de cargo/função dentro da organização. Ainda, a vontade de se mover também pode corresponder, por exemplo, à vontade de trabalhar, de estudar, de mudar para um emprego temporário etc.

Modelos mais recentes adicionam um terceiro iniciador à facilidade e à conveniência do movimento, isto é, eventos de choque. Minarelli (1995) define esses choques como eventos nos quais os indivíduos emitem julgamentos deliberados sobre permanecer ou sair de seu trabalho. A percepção do choque pode ser negativa, neutra ou positiva. Tomando-se como exemplo a transição de um trabalho para outro, os possíveis choques incluem:

* eventos fora do trabalho (por exemplo, o parceiro que consegue um emprego em outra região);
* eventos pessoais relacionados ao trabalho (não ganhar uma promoção, uma disputa no trabalho ou demissão);
* eventos que afetam a empresa (como fusão, falência, entre outros).

Poucas pesquisas de empregabilidade investigam a ligação entre as transições no mercado de trabalho e eventos de choque. No entanto, estes podem ajudar a explicar por que as pessoas fazem certas transições devido à facilidade de movimento. Por exemplo, uma pessoa pode optar por parar de trabalhar porque um membro da família precisa de cuidados. Assim, a disposição dos termos *movimento, eventos de choque* e *facilidade de movimento* sempre devem ser examinados conjuntamente, caso a dúvida seja sobre os motivos pelos quais um indivíduo opta ou não pela transição.

O capital de movimento também pode ser mantido por certas atividades, por exemplo, profissionais e organizações podem garantir que as habilidades não diminuam fornecendo sempre treinamentos qualificados. Grande parte da pesquisa sobre empregabilidade examina atividades que melhoram ou que, pelo menos, mantêm o capital de movimento, como treinamento, ampliação e enriquecimento de tarefas, rotação de trabalho e orientação de carreira. Quanto a este último aspecto, deve estar claro que: a orientação profissional é uma atividade que ajuda a evidenciar as expectativas de carreira (por que), ampliar o conhecimento do mercado de trabalho (como) ou colocar os indivíduos em contato com as redes certas (qual). Além disso, a orientação profissional pode influenciar a disposição para empregar novas mudanças. A maioria das pesquisas sobre treinamento analisa até que ponto as pessoas participam de atividades formais e programas de treinamento, como o treinamento da empresa (para funcionários) ou outros tipos de programas (como aqueles destinados à população desempregada).

A pesquisa de empregabilidade com foco em funcionários com baixa atenção às possibilidades de aprendizagem serve para medir o conhecimento da função por meio da percepção individual da extensão de aprendizagem; assim, se revertida essa situação, é possível aumentar os conhecimentos e as habilidades dentro do trabalho. Vale mencionar que a complexidade do trabalho é um fator determinante de empregabilidade, pois o tempo necessário para ser totalmente produtivo define a complexidade das atividades; com isso, também estão em análise as percepções, e não apenas as características específicas do trabalho.

No que se refere ao treinamento organizacional, uma possível subdivisão seria:

- treinamento para aprender habilidades gerais, que podem ser usadas dentro e fora da empresa, como línguas estrangeiras;
- treinamento para aprender habilidades relacionadas ao trabalho, que são úteis no desempenho da função atual, mas que também podem ser úteis em outro posto futuramente, como operar uma máquina, utilizar AutoCad ou outro treinamento em automação de escritório;
- treinamento para aprender habilidades relacionadas à empresa que só podem ser colocadas em uso para atender o interesse do empregador atual, como treinamento relacionado a produtos específicos. Aliás, para o empregado é importante estudar as possibilidades de aprendizagem no trabalho.

Alguns critérios para mapear as possibilidades de aprendizagem nos empregos foram elencados por Christy (2006), que toma como base o modelo de controle de demanda de trabalho desenvolvido por Minarelli (1995), comparando as demandas de um trabalho com as possibilidades de controle.

O modelo assume que altas demandas de trabalho são determinantes para fomentar o aprendizado. No entanto, essas demandas só podem ser atendidas se houver controle adequado. Assim, as possibilidades de controle são igualmente necessárias ao aprendizado, pois permitem desenvolver, refinar ou alterar a estratégia de trabalho adotada até então. Empregos com altas demandas de trabalho combinadas com altas possibilidades de controle oferecem muitos aprendizados e oportunidades.

A participação dos indivíduos em atividades que visam manter ou aprimorar seu uso de capital de movimento depende muito das oportunidades oferecidas. A política adotada por empresas e instituições do mercado de trabalho tem um impacto significativo nesse quesito. Ademais, a disposição do indivíduo em participar dessas atividades desempenha um papel importante para a empregabilidade, pois enfatiza a responsabilidade individual pela própria carreira, examinando-se, principalmente, até que ponto os indivíduos garantem a manutenção e o aprimoramento de sua empregabilidade. Minarelli (1995), por exemplo, ao medir a responsabilidade por treinamento, a atribui sobretudo ao funcionário. Ainda, entre esses fatores estão disposição para engajar-se na mobilidade funcional e para seguir cursos de treinamento.

Já outras pesquisas não responsabilizam apenas o indivíduo, mas também analisam as oportunidades oferecidas pelo empregador. Na maioria dos casos, a atenção volta-se para as oportunidades criadas pela empresa, de modo que seus colaboradores melhorem ou mantenham sua empregabilidade. Por exemplo, examina-se se as empresas incentivam as pessoas a seguir cursos de treinamento ou sair do desemprego. Assim, alguns estudos focalizam as oportunidades que as empresas oferecem a seus funcionários a fim de aumentar sua empregabilidade. Para tanto, existem certas práticas de recursos humanos, como treinamento, política de carreira, flexibilidade funcional, entre outras. Contudo, essas pesquisas raramente buscam saber se essas práticas são aplicadas a todos os funcionários da empresa, e se as oportunidades, portanto, têm sido igualmente distribuídas. A posição no mercado de trabalho ou algumas características biográficas podem ter um impacto nas oportunidades que os funcionários obtêm para aumentar seu capital de movimento.

Ainda, existem medidas destinadas a incentivar as empresas a organizar cursos de formação ou aceitar desempregados. Além do mais, é preciso examinar até que ponto se pode garantir que todos tenham as mesmas oportunidades de manter e aumentar sua empregabilidade. Certos programas de planejamento de carreira promovem, por exemplo, a empregabilidade de grupos-alvo.

Esse modelo pode ajudar a explicar quais gargalos atrapalham a empregabilidade para certos grupos, de forma a identificar as causas de uma espiral disfuncional de carreira. Com base nesses *insights* sobre as causas das espirais de carreira disfuncionais, o modelo pode indicar as áreas em que a intervenção é necessária para garantir a empregabilidade. Assim, ao delinear todo o processo de empregabilidade, pode-se evitar uma intervenção unilateral.

Exercício resolvido

A empregabilidade deve ser compreendida como um conjunto de fatores. Nesse sentido, as organizações precisam estar preparadas para as inúmeras ocorrências de mercado, de modo a construir uma estrutura de carreira sólida e, principalmente, reter talentos ao longo do tempo. Tendo isso em vista, assinale a proposição correta:

e) Cabe à organização elaborar um plano de ascensão de carreira.
f) A empregabilidade independe das categorias profissionais da organização.
g) A empregabilidade está ligada ao *feedback* dos recursos humanos.
h) A empregabilidade busca determinar os dados dos indivíduos.

Gabarito: a.

A empregabilidade está diretamente ligada à constituição de um plano de carreira organizacional e, por consequência, a questões do plano de ascensão.

6.4 Aposentadoria

A aposentadoria é um processo psicossocial de transição de identidade e busca de novos significados. Essa abordagem é baseada em uma visão holística do desenvolvimento adulto, segundo a qual a identidade de uma pessoa tem muitas facetas diferentes, algumas mais salientes e públicas em certos contextos. A aposentadoria é uma oportunidade para o indivíduo repensar sua identidade e, possivelmente, reorientá-la.

A visão da aposentadoria baseada na identidade está em contraste com uma definição mais tradicional, que enxerga esse momento como um marco de declínio ou de recomeço na vida, uma transição em que a pessoa muda repentinamente de uma forma de ser para outra bem diferente. A fronteira entre emprego e aposentadoria tem se tornado cada vez mais difusa ao longo dos anos e os temas que caracterizam a vida de um indivíduo durante seu emprego têm se prolongado até a aposentadoria.

A visão tradicional das carreiras mostra um desempenho sequencial de estágios que começam com a criação de uma identidade profissional na infância e adolescência e terminam em declínio e aposentadoria. Nesse modelo, os estágios da carreira são:

- **Estágio de crescimento (nascimento até 14 anos):** Fase em que o pensamento sobre carreira ocorre por viés fantasioso, baseado nas necessidades e na representação de papéis fictícios, como a projeção de alguém em determinada ocupação. Essas imagens de si mesmo em um papel profissional tornam-se mais realistas com a idade.
- **Estágio de exploração (entre 15 e 24 anos):** O indivíduo experimenta possíveis identidades profissionais (entre 15 e 17 anos) por meio de escolhas provisórias, como cursos, trabalho em tempo parcial, trabalho voluntário etc. Em seguida, ocorre uma etapa de transição (entre 18 e 21 anos), quando a pessoa entra no mercado de trabalho ou na formação profissional e busca representar uma identidade ocupacional.
- **Estágio de estabelecimento (entre 26 e 44 anos):** Nesse momento, o indivíduo tende a criar uma identidade profissional mais permanente. Primeiro, há um período de experiência (entre 25 e 30 anos), que pode incluir mudanças de emprego antes que um bom ajuste seja encontrado. Logo depois de se ajustar, há uma fase de estabilização

(entre 31 e 44 anos), à medida que a pessoa se estabelece no trabalho, sente-se confortável com a identidade profissional que assumiu e torna-se mais segura de seu desempenho.

* **Estágio de manutenção (entre 45 e 64 anos)**: Uma vez que o indivíduo se estabeleceu em sua identidade e função de trabalho, o foco torna-se preservar esse lugar.
* **Estágio de declínio (a partir dos 65 anos)**: À medida que as capacidades físicas e mentais diminuem, as atividades de trabalho mudam. Cabe ao indivíduo encontrar novas funções para desempenhar. Os subestágios aqui são: desaceleração (entre 65 e 70 anos), quando a pessoa pode mudar seu expediente em tempo integral para o trabalho em meio período ou alterar suas funções; e aposentadoria (71 anos em diante), quando a pessoa para de trabalhar. No entanto, nesse quesito existe uma grande variabilidade, pois algumas pessoas param completa e facilmente, outras continuam empregadas até a morte.

Ainda que esse conhecimento a respeito da carreira tradicional seja relevante, cabe reiterar que a compreensão atual sobre carreira focaliza as intensas mudanças ocorridas ao longo de uma vida laboral. Tais alterações muitas vezes são autodirigidas e envolvem movimentos que ultrapassam fronteiras antes muito bem solidificadas, como ocupações, organizações de emprego, especializações de setor, diferentes níveis de envolvimento no trabalho (meio período, período integral) e tipo de emprego (trabalhador contratado, empregado regular, estagiário não remunerado, entre outros).

Os modelos de carreira contemporâneos enfatizam o tema da mudança e da aprendizagem contínuas; isso porque produtos, tecnologias, mercados, preferências do consumidor, bem como condições sociais, políticas e de segurança estão mudando rapidamente. Por conseguinte, a pessoa deve ser capaz de promover adaptação constante e redirecionamento de carreira pessoal a fim de competir pelo sucesso mesmo em condições adversas.

A carreira agora é composta de uma série de ciclos de aprendizagem curtos, que são como miniversões do modelo de estágio de carreira vitalício. Em outras palavras, primeiro o indivíduo explora determinada área de oportunidade de carreira (por exemplo, por meio de entrevistas informativas e *networking*), se envolve em atividades de teste com esse tipo de trabalho (por exemplo, faz um estágio), se estabelece nesse novo campo de carreira e, em seguida, domina o trabalho nesse campo atingindo desempenho máximo. Com o tempo, talvez porque os negócios ou as condições de mercado mudem, ou porque as necessidades do próprio indivíduo ou as circunstâncias pessoais se alterem, ele recomeça um processo de exploração. Assim, o trabalho profissional consiste na soma de muitos desses ciclos de aprendizagem, podendo passar por grandes mudanças ou transições de carreira dez ou mais vezes durante a vida.

Na terminologia popular, assume-se que uma pessoa teve dez ou mais carreiras, mas o mais correto seria dizer que ela teve dez ou mais ocupações ou ciclos de carreira/aprendizagem. Ainda, pode-se argumentar que teve apenas uma carreira, já que todos esses diferentes tipos de trabalho constituem, juntos, uma sequência de experiências. Em suma, a carreira está sendo aqui definida como uma série de experiências relacionadas ao trabalho ao longo da vida profissional de uma pessoa; nesse viés, a aposentadoria é parte dessa série uma vez que representa um novo ciclo de aprendizagem.

A exploração e as diferenças dessa nova função de "aposentado" podem ser maiores do que aquelas experimentadas em funções sucessivas em empregos distintos. Isso porque a mudança para a aposentadoria é uma transição para aprender a viver com uma nova identidade. Assim, se o indivíduo foi capaz de navegar pelas várias transições e ciclos de aprendizagem nos anos que esteve empregado, estará igualmente capacitado para aprender seu caminho durante a transição para a aposentadoria.

Nesse contexto, a aposentadoria é um processo psicossocial de transição de identidade e busca de significado, ou seja, criação de uma nova identidade).Em contraste com a maioria das transições de carreira durante os anos de emprego, que costumam estar associadas à mudança de organizações, cargos e responsabilidades, a aposentadoria é mais uma transição de vida, porém mais abrangente, pois perpassa por modificações de identidade social e pessoal e de grupos de referência.

A exemplo de outras transições, o processo de aposentadoria envolve intenções, decisões, comportamentos experimentais decorrentes dessas experiências de sucesso ou fracasso (resultados). Mais especificamente, essas variáveis trabalham juntas para criar um ciclo recursivo, no qual a identidade em evolução leva a pessoa a desenvolver novas intenções que incitam ações que criam transições de vida e carreira. Essas mudanças podem ser pequenas ou grandes.

Assim, alterações no meio da carreira correspondem a pequenos passos ou experimentos que, em determinado momento, podem não ser conscientemente tomados como transições de carreira, mas, ainda assim, surtir esse efeito sob certas condições. De maneira semelhante, essas etapas de ação orientada a metas em torno da aposentadoria também podem ser pequenos passos e experimentos iniciais, embora as pessoas, em sua maioria, sintam, em última análise, que estão sendo conduzidas para a aposentadoria.

Essas ações conduzem a várias experiências subjetivas e objetivas que, por sua vez, influenciam as atitudes e a identidade (por exemplo, satisfação, envolvimento e motivação). Experiências objetivas podem incluir saída de um emprego, funções de aposentadoria ou um sucesso na carreira, como promoção para um posto mais alto na aposentadoria; já outras podem ser subjetivas, como maior adaptabilidade, exploração de novos interesses ou um sentimento de perda de significado e propósito do trabalho. Dependendo da natureza dos resultados, também pode haver mudanças na identidade e na autoestima da pessoa, as quais, por sua vez, geram *feedbacks* que influenciam o compromisso com os objetivos iniciais.

Quando a experiência de transição tem resultados positivos, o indivíduo normalmente entra um "ciclo de sucesso" autorreforçador. No entanto, quando aponta resultados negativos, é possível que faça ajustes em sua identidade e suas intenções, seja em busca de uma nova identidade, seja retornando a identidades outrora abandonadas. Por meio desse processo recursivo de intenções, ações e resultados, o indivíduo tende a se envolver com seus novos comportamentos, e isso pode se generalizar para o envolvimento em novos papéis e a criação de uma nova subidentidade relacionada à aposentadoria.

Exemplificando

Uma enfermeira aposentada decide assumir a gestão de suas próprias finanças (intenção). Ela considera que não sabe gerir bem seu dinheiro; por isso, há anos conta com a ajuda de um contador, mas agora, como não está mais formalmente empregada, não pode arcar com esse gasto. Como parte dessa nova intenção, ela apresenta sua primeira declaração de imposto de renda pós-aposentadoria (julgamento) e recebe uma pequena declaração de imposto (sucesso).

Esse ciclo de aprendizagem pode ajudá-la a desenvolver um novo componente em sua identidade (por exemplo, gerenciar suas finanças), bem como adquirir habilidades e confiança em uma área na qual anteriormente tinha receio de adentrar. Agora, porém, ela gradualmente revisa sua identidade para descobrir que é capaz de fazer a gestão de seu dinheiro Ainda, essa mesma enfermeira pode se sentir bastante confiante para assumir uma posição voluntária como tesoureira em sua comunidade ou grupo de lazer; afinal, ela construiu uma nova identidade como alguém com capacidade de administrar finanças. Esse novo autoconceito, adquirido ao longo do ciclo de aprendizagem, oferece-lhe a oportunidade de expandir sua identidade em diversos grupos sociais. Por outro lado, se ela não completou com sucesso a declaração de impostos e teve uma experiência inicial fracassada, teria de promover ajustes em suas intenções.

O processo de aposentadoria não é tão racional e intencional quanto o modelo sugere, pelo menos não em todos os casos. Embora algumas pessoas certamente pensem bem em seus planos para a aposentadoria e tenham metas e passos de ação muito concretos e detalhados, muitas delas têm apenas ideias vagas e gerais sobre o que desejam fazer. A decisão e a ação de se aposentar dão às pessoas a identidade recém-formada de "aposentado", mas outras novas identidades podem se formar mais organicamente, depois de o indivíduo decidir se aposentar. Por exemplo, pode ser que um aposentado explore oportunidades de voluntariado na comunidade com apenas uma intenção vagamente definida de se conectar socialmente, agora que tem mais tempo livre (intenção).

Todavia, existem componentes mais específicos no funcionamento desse ciclo, bem como fatores moderadores importantes quanto ao contexto e ao indivíduo. Agora vamos dar um mergulho mais profundo e criar um modelo teórico de como tal processo funciona.

No **processo bilateral**, a pessoa é tanto o agente quanto o alvo da mudança promovida pela aposentadoria. Uma maneira de pensar sobre a relação entre identidade e aposentadoria é considerá-la um estágio avançado da carreira que se expressa e torna as pessoas diferentes umas das outras. A teoria social-cognitiva adotou uma perspectiva agente para indicar que os indivíduos são auto-organizados, proativos, autorregulados e autorreflexivos. Isso equivale a dizer que eles são agentes que moldam intencionalmente suas circunstâncias de vida e seus caminhos. Semelhantemente a outras transições nas carreiras contemporâneas, a aposentadoria pode ser um processo de planejamento de carreira autodeterminado, impulsionado pelos próprios valores dos indivíduos ou pelo sentido de vida autodefinido por eles.

As pessoas durante a aposentadoria tendem a experimentar várias mudanças nas habilidades físicas, psicológicas e cognitivas. Esse momento pode forçá-los a repensar a si mesmos e a lidar com as percepções internas e externas recém-desenvolvidas de suas capacidades.

Outra maneira de pensar sobre a transição de identidade durante a aposentadoria é entendê-la como uma transição de carreira associada a mudanças dramáticas no relacionamento com outras pessoas. Os indivíduos são inseridos simultaneamente em várias redes sociais durante a aposentadoria, como empresa de pré-aposentadoria, comunidades ou clubes sociais pós-aposentadoria, família, amigos ou associações de consultoria de carreira. Entretanto, carece destacar que a aposentadoria nem sempre é um ciclo de sucesso; afinal, pode ser uma experiência desagradável associada à perda de identidade, colegas, suporte financeiro ou saúde. Portanto, trata-se de um momento crítico em que se deve confiar na rede de desenvolvimento a fim de fazer coisas (efetivação) e se afiliar a uma comunidade (segurança).

As transições de aposentadoria mais bem-sucedidas ocorrem quando um indivíduo pensa muito sobre isso e desenvolve um plano sólido e específico e uma visão clara de como será sua vida no futuro. Os piores resultados parecem acontecer quando não houve planejamento ou premeditação, e o indivíduo simplesmente para de trabalhar sem nenhuma visão de suas possíveis ações.

O planejamento de aposentadoria também serve para determinar as metas de renda de aposentadoria e as ações e decisões necessárias para atingir esses objetivos. O planejamento de aposentadoria inclui a identificação de fontes de receita, estimativa de despesas, implementação de um programa de poupança e gerenciamento de ativos e riscos. Os fluxos de caixa futuros são estimados para determinar se a meta de renda de aposentadoria será alcançada. Alguns planos de aposentadoria mudam dependendo do país.

O planejamento da aposentadoria é idealmente um processo para toda a vida, podendo ser iniciado a qualquer momento, mas o ideal é que esteja incluído no planejamento financeiro desde o início. Essa é a melhor maneira de garantir uma aposentadoria segura, protegida e divertida. A diversão vem justamente após a parte séria e talvez enfadonha: planejar como chegar lá.

Nesse sentido, planejamento de aposentadoria refere-se a estratégias financeiras de poupança, investimento e, em última instância, distribuição de dinheiro com o objetivo de se sustentar durante esse período da vida. Assim, devem ser considerados não apenas ativos e receitas, mas também despesas futuras, responsabilidades e expectativa de vida.

Exercício resolvido

Os modelos de carreira contemporâneos enfatizam o tema da mudança e da aprendizagem contínuas. É correto afirmar que a aposentadoria:

a) sempre termina como um fechamento de ciclo que implica no fim do trabalho e da contribuição do indivíduo para a sociedade.
b) não implica no fim da carreira.
c) corresponde ao encerramento do ciclo do sucesso.
d) deve ser compreendida amplamente e de acordo com seu impacto psicossocial.

Gabarito: d.

A aposentadoria marca o fim do ciclo de determinada carreira, mas, não necessariamente, o indivíduo para de trabalhar. Ainda assim, ela pode produzir efeitos psicossociais no sujeito.

Síntese

* O modelo conceitual do processo de empregabilidade fornece uma visão sobre como os vários componentes que influenciam as oportunidades no âmbito interno e externo do mercado de trabalho interagem.
* Nem sempre é necessário examinar todo o processo, pois isso exigiria uma grande quantidade de dados longitudinais.

- A aposentadoria corresponde a mais um estágio da carreira, ainda que no final desse ciclo. Todavia, isso não implica no fim do exercício do trabalho pelo indivíduo.
- Para as organizações, a aposentadoria pode ser um início do processo de preparação para outro ciclo de planejamento de carreira.

Estudo de caso

Contextualização

O presente caso aborda uma situação que tem como foco o plano de carreira. Como todo diagnóstico e proposta de intervenção, a situação deve ser analisada em um contexto mais amplo. O desafio aqui é propor um plano de carreira eficaz para uma empresa.

Caso

João da Silva formou-se em Administração aos 18 anos e logo em seguida conseguiu um cargo na fábrica de massas Estrela. Atualmente, João tem 23 anos e, portanto, já trabalha há 5 anos na mesma empresa, na qual ocupa o cargo de gerente administrativo. No último semestre, João começou a cursar uma pós-graduação em gestão de pessoas, com o propósito de agregar valor à sua profissão. Durante o curso, ele aprendeu os elementos básicos para implementação de carreira na organização. Assim, com vistas a melhorar seu ambiente de trabalho e aplicar a teoria na prática, João procurou a direção da fábrica e informou sobre a necessidade da construção de um plano de carreiras que pudesse privilegiar os colaboradores de seu departamento. A ideia foi bem recebida pelos gestores; no entanto, eles solicitaram que João elaborasse um plano que explicitasse o processo de ascensão de carreira bem como os critérios de promoção.

Agora, imagine-se no lugar de João, como se tivesse ficado encarregado de realizar essa tarefa solicitada pela empresa. Elabore um plano de carreira direcionado ao setor específico ao qual João pertence.

Resolução

João está ciente das necessidades específicas de seu setor, cumprindo sua função de gerente administrativo e tendo de lidar com todos os demais setores da empresa, e deseja aliar tal demanda a seus estudos em gestão de carreira. Para isso, pode implementar um modelo de planejamento centrado no desempenho e no potencial de cada colaborador. Assim, ele pode criar os seguintes critérios avaliativos, conforme explicita o Quadro A.

Quadro A: Critérios avaliativos

Potencial	Desempenho		
	Baixo	Médio	Alto
Alto	Requer ajuste	Alto desempenho	Alto potencial
Médio	Questionável	Mantenedor	Alto desempenho
Baixo	Insuficiente	Eficaz	Comprometido

Adotando esse plano, seria possível que a fábrica privilegiasse os colaboradores de seu departamento, devendo-se, ainda, levar em consideração os dados de todos os colaboradores em particular.

Dica 1

Leia o artigo recomendado a seguir a fim de incrementar sua noção de plano de carreira, que pode ser considerado ferramenta motivacional ou um dos elementos básicos do desenvolvimento profissional e organizacional.

MOURA, R. G. de.; LOPES, P. de L.; BARBOSA, M. V. O plano de carreira utilizado como estratégia pelas organizações como ferramenta motivacional e de desenvolvimento organizacional. In: SEGeT – SIMPÓSIO DE EXCELÊNCIA EM GESTÃO E TECNOLOGIA, 13., out. a nov. de 2016. **Anais...** Disponível em: <https://www.aedb.br/seget/arquivos/artigos16/15249.pdf>. Acesso em: 15 set. 2021.

Dica 2

Assista ao vídeo indicado a seguir, que explicita as formas de elaboração de um plano de carreira.

PORTAL ADMINISTRADORES. **Como estruturar um plano de carreira?** Disponível em: <https://www.youtube.com/watch?v=ol9JVZ-RozU>. Acesso em: 15 set. 2021.

Dica 3

Indicamos a leitura deste artigo que revela a importância do plano de carreira, principalmente no cenário nacional com uma economia fragilizada.

SOUZA, B. F. V. de.; TÓFOLI, I.; TÓFOLI, E. T. Planejamento estratégico da carreira profissional. In: ENCONTRO CIENTÍFICO E SIMPÓSIO DE EDUCAÇÃO UNISALESIANO, 5., out. 2015, Lins, São Paulo. **Anais...** Disponível em: <http://www.unisalesiano.edu.br/simposio2015/publicado/artigo0125.pdf>. Acesso em: 5 jul. 2021.

Considerações finais

Grande parte de sua vida é (ou será) empreendida no alcance de objetivos profissionais, portanto, é muito importante ter a certeza de que os passos certos foram dados e o planejamento correto foi feito nos primeiros anos de sua jornada profissional. O planejamento de carreira é o que gera um verdadeiro significado a sua atividade (e por que não a sua vida?).

Nesta obra, evidenciamos que uma das características definidoras de uma carreira é a capacidade de assumir responsabilidades e, com isso, obter uma remuneração mais alta. Entretanto, se essas oportunidades não figuram no horizonte, é comum que muitos trabalhadores já empregados em determinados setores busquem fazer carreira em outro e, em breve, abandonem seu cargo na organização.

Conforme pudemos constatar, uma carreira oferece satisfação pessoal e profissional, diferentemente de um trabalho, que é efetuado tão somente para garantir a subsistência. Uma carreira torna-se parte da identidade do funcionário à medida que ele adquire habilidades mais especializadas e se relaciona com um grupo mais amplo de profissionais. Logo, a congruência com o tipo vocacional correto é a chave para o profissional encontrar satisfação contínua e pode ser o fator decisório para que ele siga uma carreira gratificante.

Nesse sentido, o planejamento de carreira é um processo pelo qual são selecionados os objetivos de carreira e os caminhos para se alcançar tais metas. Envolve, ainda, uma seleção clara de planos de carreira, o que exige explorar e coletar informações para, posteriormente, sintetizar, adquirir competências, tomar decisões, definir metas e agir. Essa é uma fase crucial do desenvolvimento de recursos humanos, que deve ajudar os funcionários a pensar em estratégias para equilibrar a vida profissional e pessoal.

Por fim, concluímos que um planejamento realista geralmente é parte fundamental do crescimento de carreira e do desenvolvimento pessoal. Sem objetivos pelos quais se esforçar, a maioria das pessoas continua seguindo normas aparentemente mais fáceis de adotar e reproduzindo velhas habilidades, em vez de se empenharem de modo a se tornar uma peça mais valiosa para o mundo dos negócios.

Referências

BANDURA, A.; AZZI, R. G. **Teoria social cognitiva**: diversos enfoques. São Paulo: Mercado de Letras, 2017.

BENDASSOLLI, P. F. Recomposição da relação sujeito-trabalho nos modelos emergentes de carreira. **Revista de Administração de Empresas**, São Paulo, v. 49, n. 4, p. 387-400, out./dez. 2009. Disponível em: https://www.scielo.br/j/rae/a/qDB9SJm5h5mYmdTTpxfM9nt/?format=pdf&lang=pt>. Acesso em: 12 set. 2021.

BERGAMINI, C. W. **Motivação nas organizações**. São Paulo: Atlas, 2006.

BERTONI, B. C. R. **Manual de recrutamento e seleção de pessoal**. São Paulo: STS, 2000.

BRASIL. Ministério da Educação. **Base Nacional Comum Curricular. Educação é a Base**. Brasília: MEC; Consed; Undime, 2017.

CHIAVENATO, I. **Administração geral e pública**. Rio de Janeiro: Elsevier, 2006.

CHIAVENATO, I. **Gestão de pessoas**: o novo papel dos recursos humanos nas organizações. Rio de Janeiro: Elsevier, 2008.

CHRISTY, F. **Planejamento estratégico pessoal**. Nova Iorque: Strategic Dreams, 2006.

DUTRA, J. S. **Administração de carreiras**: uma proposta para repensar a gestão de pessoas. São Paulo: Atlas, 1996.

ÉTICA. Michaelis: Dicionário eletrônico Brasileiro da Língua Portuguesa. São Paulo: Melhoramentos. Disponível em: <https://michaelis.uol.com.br/moderno-portugues/busca/portugues-brasileiro/%C3%A9tica/e>. Acesso em: 13 set. 2021.

HAIRE, M. **Teoria da organização moderna**. São Paulo: Atlas, 1996.

HALL, D. T. The protean career: A quarter-century journey. **Journal of Vocational Behavior**, v. 65, n. 1, p. 1-13, 2004.

HALL, G. T. **Careers in organizations**. Northbrook: Scott Foresman & Co, 1976.

HEIJDEN, B. V. D. Prerequisites to Guarantee Life-Long Employability. **Personnel Review**, v. 31, n. 1, p. 44.61, fev. 2002.

HOLLAND, J. L. **Making Vocational Choices**: A Theory of Vocational Personalities and Work Environments. 3. ed. Odessa: PAR, 1997.

MARTINS. H. T. **Gestão de carreiras na Era do conhecimento**: abordagem conceitual e resultados de pesquisa. Rio de Janeiro: QualityMark, 2001.

MINARELLI, J. A. **Empregabilidade**: como ter trabalho e remuneração sempre. 13. ed. São Paulo: Gente, 1995.

MYRDAL, G. **Monetary Equilibrium**. Glasgow: William Hodge, 1939.

PARSONS, F. **Choosing a vocation (1909)**. Literary Licensing: LLC, 2014.

PONTES, B. R. **Administração de cargos e salários**. 9. ed. São Paulo: LTr, 2002.

ROE, A. Early Determinants of Vocational Choice. **Journal of Counseling Psychology**, v. 4, n. 3, p. 212–217, 1957.

SCHEIN, E. H. **Career survival**: Strategic Job and Role Planning. San Diego: Pfeiffer & Company, 1995. (Pfeiffer career series).

SCHEIN, E. H. **Identidade profissional**: como ajustar suas inclinações a suas opções de trabalho. São Paulo: Nobel, 1996.

SPITZER, D. R. **Supermotivação**: uma estratégia para dinamizar todos os níveis da organização. São Paulo: Futura, 1997.

STINCHCOMBE, A. L. Bureaucratic and Craft Administration of Production: A Comparative Study. **Administrative Science Quarterly**, v. 4, n. 2, p. 168-187, sep. 1959.

SUPER, D. E.; BOHN JÚNIOR, M. J. **Psicologia ocupacional**. São Paulo: Atlas, 1975.

TOLFO, S. da R. A carreira profissional e seus movimentos: revendo conceitos e formas de gestão em tempos de mudanças. **rPOT – Revista Psicologia: Organizações & trabalho**, v. 2, n. 2, p. 39-63, jul./dez. 2002. Disponível em: <https://bit.ly/2LXZYe7>. Acesso em: 12 set. 2021.

Bibliografia comentada

BALASSIANO, M.; COSTA, I. de S. A. da. (Org.) **Gestão de carreiras**: dilemas e perspectivas. São Paulo: Atlas, 2000.

Nessa obra, os autores visam ampliar a acepção de carreira atrelando-a às técnicas de gestão. Eles direcionam ações tanto individuais quanto organizacionais.

CHIAVENATO, I. **Gestão de pessoas**: o novo papel dos recursos humanos nas organizações. 4. ed. Rio de Janeiro: Manole, 2014.

Chiavenato, neste escrito, busca romper com a perspectiva de que a gestão de pessoas ocorre apenas no plano dos recursos humanos. O autor apresenta, para tanto, os elementos de valorização do capital humano.

DRUCKER, P. F, **O melhor de Peter Drucker**: a administração. São Paulo: Nobel, 2001.

Essa coletânea destaca as principais obras de Peter Drucker. Os textos escolhidos pelo autor não se propõem a apenas um estudo da administração científica, mas colaboram para a compreensão das novas perspectivas do papel do administrador.

DUTRA, J. S. **Gestão de pessoas**: modelo, processos, tendências e perspectivas. São Paulo: Atlas, 2009.

Dutra busca ampliar a acepção de gestão de carreiras incorporando uma reflexão sobre as necessidades específicas do mercado globalizado.

MAXIMIANO, A. C. A. **Teoria geral da administração**. 7. ed. São Paulo: Atlas, 2007.

Esse é um clássico do estudo da administração. O autor sistematiza as práticas do administrador aliando-as sempre às novas demandas do mercado.

Sobre a autora

Joseanne de Lima Sales Camelo é graduada em Desenho Industrial pela Universidade Federal de Campina Grande (UFCG). Tem experiência na área de design, com ênfase em metodologia, design gráfico e design de interiores. É mestre e doutora em Engenharia de Materiais também pela UFCG, com pesquisas nas áreas civil (cerâmica), reaproveitamento de materiais e design social. Faz parte do NDE Design de Interiores (2020). Atualmente, atua como professora nos cursos de Design de Moda e de Interiores e Design Gráfico, mais especificamente nas disciplinas de Metodologia do Design, Design Sustentável, Desenho Assistido por computador AutoCad, Design de Interiores, Patologias Prediais, Gestão de Projetos e Obras. Também é docente nos cursos de Engenharia, nas disciplinas de Desenho aplicado à Engenharia, Desenho Aplicado à Engenharia Civil, Ciências do Ambiente, Materiais de Construção, Desenho Técnico Mecânico. Ainda, é professora substituta no Departamento de Engenharia da Produção, área de Expressão Gráfica da UFCG, ministrando as disciplinas de Desenho Aplicado à Engenharia, Expressão Gráfica, Desenho Técnico e Desenho Assistido por Computador.

Os papéis utilizados neste livro, certificados por instituições ambientais competentes, são recicláveis, provenientes de fontes renováveis e, portanto, um meio **respons**ável e natural de informação e conhecimento.

FSC
www.fsc.org
MISTO
Papel produzido a partir de fontes responsáveis
FSC® C103535

Impressão: Reproset
Outubro/2021